红色印记

新民主主义革命的文物故事

中国文物报社
—编—

柳士发
—主编—

江苏凤凰文艺出版社
JIANGSU PHOENIX LITERATURE AND ART PUBLISHING

图书在版编目（CIP）数据

红色印记：新民主主义革命的文物故事／中国文物报社编；柳士发主编．—南京：江苏凤凰文艺出版社，2024.7（2024.11重印）
　ISBN 978-7-5594-8585-4

　Ⅰ.①红… Ⅱ.①中…②柳… Ⅲ.①新民主主义革命－革命文物－介绍－中国 Ⅳ.① K871.6

中国国家版本馆CIP数据核字（2024）第073445号

红色印记：新民主主义革命的文物故事
中国文物报社　编
柳士发　主编

特约策划	李　晨
文字撰稿	顾志慧
出 版 人	张在健
策划编辑	张　遇
责任编辑	高竹君　费明燕
书籍设计	潇　枫
责任印制	杨　丹
出版发行	江苏凤凰文艺出版社
	南京市中央路165号，邮编：210009
网　　址	http://www.jswenyi.com
印　　刷	南京新世纪联盟印务有限公司
开　　本	880毫米 × 1230毫米　1/32
印　　张	10
字　　数	203千字
版　　次	2024年7月第1版
印　　次	2024年11月第2次
书　　号	ISBN 978-7-5594-8585-4
定　　价	58.00元

江苏凤凰文艺版图书凡印刷、装订错误，可向出版社调换，联系电话 025-83280257

目录

第一章　开天辟地与大革命洪流 ………… 001

1. 《新青年》杂志第二卷第一号　| 003
2. 北大讲演队第九组布旗　| 007
3. 陈望道译《共产党宣言》中文全译本　| 010
4. 《共产党》月刊　| 013
5. 毛泽东汇编的《新民学会会员通信集》　| 018
6. 杨开慧的首饰箱、杨开慧自传手稿　| 021
7. 蔡和森勤工俭学遗物　| 025
8. 长篇叙事歌谣《劳工记》、
   安源路矿工人俱乐部印制的部员证　| 029
9. 林祥谦的怀表　| 032
10. 《中国青年》杂志　| 035
11. 中共帮助黄埔军校招生的文件　| 038

12　五卅斗争时的粗纱筒管　| 041

13　省港罢工委员会纠察委员会职员袖章　| 044

14　醴陵第十区第十一乡农民协会木牌　| 047

15　农民运动讲习所、毛泽东主编的《农民问题丛刊》　| 049

16　毛泽东的《湖南农民革命》　| 052

17　上海工人在第三次武装起义中使用的大刀　| 055

18　邓中夏与《工人之路》　| 058

19　杨闇公日记　| 061

20　毛泽东亲笔签名的萧楚女烈士证书　| 063

21　李大钊烈士遗书《狱中自述》　| 065

22　李大钊就义的绞刑架　| 068

第二章　"工农武装割据"的形成 …… 071

23　朱德在南昌起义时使用的警用型毛瑟手枪　| 073

24　贺龙的《党员登记表》　| 076

25　八七会议记录及其议决案　| 080

26　吴兆观烈士的环首大刀　| 083

27　广东海陆丰工农革命军起义时佩戴的红领巾　| 086

28　张太雷烈士家书手稿　| 089

29　刑场上的婚礼　| 092

30　向警予的作文　| 095

31　一份写满代号的名单　| 098

32　贺瑞麟烈士《死前日记》　| 101

33　陈觉与赵云霄夫妇的遗书　| 104

34　写有"六项注意"的包袱皮　| 108

35　《古田会议决议》　| 111

36　毛泽东的《调查工作》　| 114

37　中国红军独立第一师部印　| 117

38　中国工农红军第一台收报机　| 120

39　贺页朵的入党誓词　| 123

40　绒线背心——龙华烈士遗物　| 126

41　红军"列宁号"飞机　| 128

42　路易·艾黎拍摄的洪湖红军抗洪照片　| 131

第三章　土地革命与局部抗战 ⋯⋯⋯⋯⋯⋯ 133

43　中华苏维埃中央执委印章、中华苏维埃中革军委印章　| 135

44　高兴区苏维埃政府工农检察部控告箱　| 138

45　红色税收员的手枪和红色布币　| 141

46　红军公田碑　| 143

47　红军军用号谱　| 145

48　徐向前使用过的望远镜　| 148

49　"英雄对空射击手"王文礼的奖章　| 151

50 红星奖章 | 154

51 何叔衡的毛衣 | 157

52 林伯渠的马灯 | 160

53 阮啸仙给儿子的一封家书 | 162

54 瞿秋白赠妻金别针 | 165

55 方志敏《可爱的中国》手稿 | 168

56 红军长征出发渡江用的门板 | 172

57 红军借宿后留下的"半床被子" | 175

58 遵义会议相关文件 | 178

59 红军长征带到陕北的山炮 | 181

60 红军船 | 184

61 通江红军石刻标语群 | 187

62 浙南游击区用于秘密联络的"六面密印" | 190

63 红军东征时使用的羊皮筏子 | 192

64 红军赠给洪洞县白石村小学的风琴 | 194

65 "爱民如天"锦旗 | 196

66 红四方面军战士周广才和战友吃剩的皮带 | 199

67 郭纲琳烈士刻的"永是勇士"铜牌 | 202

第四章 全民族抗战的中流砥柱 ……………… 205

68 平型关战役战利品 | 207

69 《游击队歌》手稿 | 210

70 新华日报印刷机 | 213

71 冷云用过的水彩画小册子 | 216

72 左权用过的望远镜 | 219

73 白求恩遗赠的手术器械 | 222

74 史沫特莱译《新四军军歌》手稿（英文） | 226

75 杨靖宇的印章 | 228

76 百团大战战利品——日军的挂包 | 231

77 雁翎队使用的木船 | 234

78 八路军总部兵工厂造的掷弹筒 | 236

79 崔振芳在黄崖洞保卫战中用过的军号 | 238

80 彦涵的"新年画" | 241

81 赵章成首创曲射、平射两用82毫米迫击炮 | 244

82 晋察冀边区第一届参议会纪念大碗 | 247

83 地下交通员吕品三的抗属证、铁箅 | 250

84 "汤团行动"卷宗 | 253

85 彭雪枫和妻子的书信 | 256

86 日本人民解放联盟延安支部旗 | 258

87 八路军一二九师全体指战员献给中共七大的降落伞 | 261

第五章　民主革命胜利的曙光 ……………………… 265

88 皮定均写有《中原突围经验总结》的日记本 | 267

89 "毛泽东号"（JF-304号）蒸汽机车 | 270

90　华东野战军在鲁南战役中缴获的美M3A3式轻型坦克　| 273

91　飞雷炮　| 276

92　钱树岩的关金券　| 279

93　东北野战军十九团一连在锦州战斗中的登城旗帜　| 282

94　董力生支前运粮用的独轮车　| 285

95　北平城门钥匙　| 288

96　解放太原城的功勋炮　| 291

97　"京电号"小火轮　| 294

98　红岩英烈的"狱中八条"　| 297

99　中国人民政治协商会议第一届全体会议代表报到签名册　| 300

100　开国大典上使用的话筒　| 303

第一章

开天辟地
与大革命洪流

1 《新青年》杂志第二卷第一号

辛亥革命的枪声宣告了清王朝专制统治的终结,苦难的中国却并未就此得到新生。袁世凯窃权、宋教仁遇刺,不甘中国就此陷入黑暗的革命力量发起了"二次革命",但因力量涣散,很快便被北洋军击败。一些人远走海外,一些人则在思考这片土地的未来。

安徽怀宁县人陈独秀曾五次东渡日本求学,接受了资产阶级民主主义思想熏陶的他认为,欲"救中国、建共和,首先得进行思想革命"。出于这种理念,1915年9月15日,陈独秀在上海创办了综合性文化月刊《青年杂志》,决心以此作为阵地,传播科学与民主,唤醒千万中国青年。杂志以六期为一卷,每期约100页,由上海群益书社负责刊印及发行。

在创刊号上,陈独秀亲笔写下了发刊词《敬告青年》,称"青年如初春,如朝日,如百卉之萌动,如利刃之新发于硎,人生最可宝贵之时期也"。他寄语广大中国青年,应该崇尚自由、进步、科学,要有世界性的眼光,同时得讲求实利,而非虚文,并通过科学而非想象,去谋求进步。此外,陈独秀还在文章中大声疾呼:"国人而欲脱蒙昧时代,羞为浅化之民也,则急起直追,当以科学与人权并重。"

与此同时，留学美国康奈尔大学的胡适，在大洋彼岸提出了"文学革命"。这个响亮的口号甫一提出，就引发了陈独秀的强烈共鸣。这两个安徽人，一个要"造新文学"，一个要"改良文学"，轰轰烈烈的新文化运动就此拉开帷幕。

不过，万事总有波折，《青年杂志》出版第一卷后，便因故停刊，直到1916年9月方才复刊。由于与上海基督教青年会的《上海青年杂志》同名，自第二卷始，《青年杂志》正式更名，并在封面醒目地印上"陈独秀先生主撰"字样。就这样，这份创刊于上海的综合性文化月刊，有了一个响亮的名字——《新青年》。

《新青年》第二卷第一号

1917年初，应北京大学校长蔡元培邀约，陈独秀离沪北上，出任北大文科学长，《新青年》也随之迁往北京，编辑部就设在陈独秀的北京住处——箭杆胡同9号东院（即今箭杆胡同20号院）。《新青年》在这里迎来了发展的新高潮——李大钊、鲁迅、钱玄同、刘半农、周作人、沈尹默，以及自美国留学归来的胡适等，纷纷加入编辑部。

文化学术界新鲜血液的注入，让《新青年》充满活力，从1918年1月刊印的第四卷第一号起，这份杂志正式成为北大教授们轮值编辑的同人刊物，这在民国史上从未有过。此外，《新青年》还全面改为白话文，并开始使用新式标点，以带动其他刊物，共同提倡和促进白话文运动。

鲁迅的白话小说《狂人日记》、李大钊的《庶民的胜利》先后在《新青年》发表，湖南青年毛泽东也以"二十八画生"为笔名在《新青年》上发表了《体育之研究》。这些文章引导着无数中国青年走上新民主主义的道路，推动了时代巨变的步伐，同时也成就了《新青年》的高光时刻，它从此成为中国文化史上的里程碑。而它所倡导的文学革命，所开启的民主与科学的思想启蒙，也彻底地改变了中国人的思维方式。

十月革命后，《新青年》又吹响了五四运动的号角，成为宣传马列主义、宣传反帝反封建思想的阵地——这是时代赋予它最后也是最辉煌的使命。

关联

　　北京箭杆胡同20号是一个典型的北方四合院。1917年，陈独秀离开上海赴北京大学任教时，便居住于此，同时这个院子也是《新青年》的编辑部所在。院子并不大，不过250平方米左右，由北房、南房、耳房组成。胡适、钱玄同、刘半农、李大钊等著名学者当时常常聚会于此，或秉烛夜读，或讨论时事，或关注社会，他们依托《新青年》这一阵地，向旧时代发出战斗的檄文。

2 北大讲演队第九组布旗

它，是一面旗帜，白若素缟；布面上毛笔蘸墨写就的"北大讲演队第九组"醒目刺眼。白布，铭记耻辱；黑字，满是不屈。白与黑的冲撞，是斗争，是呐喊……

它，诞生于1919年。那年春天，花开正艳，从北京城，到广州湾，举国上下，都将目光投向了欧洲大陆，聚焦在了法国巴黎。

八年之前，武昌城头的枪声推翻了腐朽的清王朝；尽管中华民族的苦难并未由此结束——内有军阀割据，外有列强欺凌，四万万中国人依然身处水深火热的困苦当中。

五年之前，萨拉热窝的枪声点燃了欧洲大陆的熊熊战火。当战争最终在1918年的岁末宣告结束时，整个世界格局发生了巨大变化，德意志帝国、奥匈帝国输掉了这场战争，俄罗斯帝国则因起义的水兵冲进冬宫而彻底终结。

中国，在这场世界大战期间，不仅参加了协约国，宣布对德、奥等同盟国作战，而且派遣了十余万劳工前往欧洲，为战争的最终胜利做出了巨大贡献和牺牲。

四万万中国人将希望寄托于那场在巴黎郊外凡尔赛宫召开的战后协约会议——这是自鸦片战争以来，中国首次以战胜国的身份参加和会，索回之前被德国强占的山东半岛主权、废除列强在华租界、取消领事裁判权、收回租借地及关税自由权，一切似乎都顺理成章。

然而，寄托了无数中国人希望的巴黎和会，最终不过是一场列强分赃的肮脏勾当。英、法、美、日等列强对德国殖民地及其势力范围进行了瓜分，他们不顾中国参会代表团的强烈反对、无视中国在战争中的付出，做出了将德国在青岛及山东的所有权益让于日本的决定。

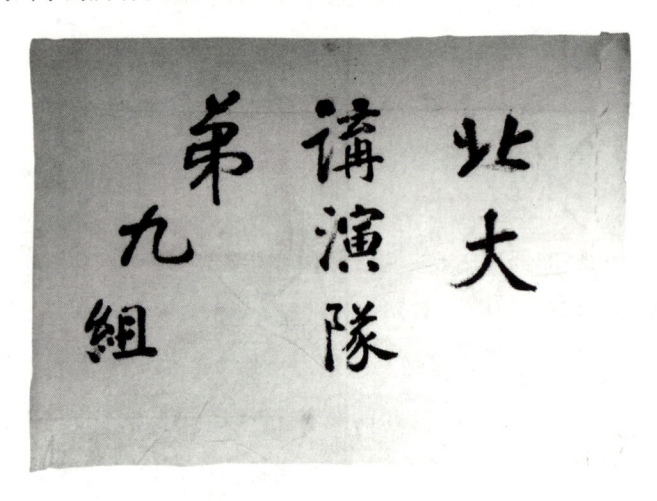

北大讲演队第九组布旗

消息传到国内，这片土地沸腾了，人民愤怒了！

自从1840年以来，这个国家、这个民族历经了太多的耻辱，无数有识之士为了给这片土地寻找一个光明的未来，走上了异常艰辛的探索之路。一次次的挫折、一次次的失败、一次次的牺牲，没有让这些探索者失去信心，反而让更多人走上了这条寻找光明的道路。曾经被寄予希望的巴黎和会，不过是充分诠释了"自古弱国无外交"这一定律，而所谓的"公理战胜强权"也只是美丽的童话，此时这个民族空前地团结起来，列强给中国人民以耻辱，而四万万中国人必将还之以抗争。

1919年5月4日下午，北京大学的爱国学生从时为校部的"红楼"出发，与北京高等师范学校、中国大学等学校的进步青年们一起走上街头，他们高呼"誓死力争，还我青岛""外争主权，内除国贼"等口号，要求北洋政府拒绝在耻辱的条约上签字，并惩罚卖国贼。随后开始总罢课，学生们走上街头展开反帝爱国演讲。

这面旗帜，便是这场运动的见证者和参与者。正是在这面旗帜下，满腔热血的北大学子们向大众发表演讲，动员广大市民、工商人士等各阶层，共同投入这场爱国抗争的浪潮。6月5日，上海工人阶级发起政治大罢工，加入反帝爱国斗争的行列。

在爱国学生的呼吁声中，在讲演队旗帜的感召下，一场轰轰烈烈的爱国运动由此开始，并席卷全国。这场象征着中国人民彻底反对帝国主义、封建主义的"五四风雷"带给近代中国社会以巨大冲击：马克思主义开始在中国广泛传播，工人运动蓬勃兴起，作为两者相结合的产物——中国共产党的早期组织也在时代的浪潮中应运而生。

3 陈望道译《共产党宣言》中文全译本

从未有一本书,会似它这般,对一个国家的历史进程产生无比深远的影响;也从未有一本书,如它那样,推动一个民族走出黑暗,迈向伟大复兴。

它,本是马克思、恩格斯为共产主义者同盟起草的纲领。1848年2月24日,它在伦敦以德文第一次正式出版。它的诞生,不仅意味着马克思主义理论基本形成,而且让全世界无产者,有了联合起来的战斗口号。然而,直到半个多世纪后,它才姗姗来到中国。

十月革命的炮声,为中国人民送来了马克思主义;俄国革命的胜利,让正在救国存亡之路上艰难求索的先进分子们,在黑暗中看到了希望与光亮。一条新的道路,通往明天,然而指路的明灯——《共产党宣言》,尚未有中文版。只有将这份国际共产主义运动的纲领性文献翻译出来,才能被更多人接触到。

谁人能够担起这个历史性的重任?翻译者不仅需要对马克思学说有深入的了解,还得精通至少一门外语,并且需要有较高的汉语言文学素养,才能精准无误地翻译出这部内容博大精深、表述文采飞扬的经典著作。

陈望道译《共产党宣言》

年轻的陈望道，接受了历史的托付。他在日本留学时，与河上肇、山川均等进步学者多有交往，由此接触到马列主义，是翻译《共产党宣言》的最佳人选。

1920年初春，陈望道回到浙江老家，在分水塘村的一间柴屋里，夜以继日地埋头工作，最终完成了《共产党宣言》的中文翻译工作。同年8月，经陈独秀与李汉俊校阅，并得到共产国际特使维经斯基的资助后，《共产党宣言》中文版由上海社会主义研究社作为"社会主义研究小丛书第一种"

正式出版。

这本赭石色封面上印有马克思半身像、书名因为排版错误而被印刷成"共党产宣言"的小册子,便是当年的初版。它不仅见证了早期中国共产党人求索真理的艰难曲折,也见证了后来中国共产党在斗争中的发展与壮大。

关联

年轻的毛泽东所阅读的第一本,也是让他刻骨铭心一生的马克思主义经典著作,便是陈望道翻译的这版《共产党宣言》。这位日后新中国的主要缔造者,从此开始热心地搜寻那时候能找到的为数不多的共产主义中文书籍,并在研读这些马克思主义著作的过程中,建立起终生不渝的信仰。

在完成《共产党宣言》的翻译工作后,陈望道参与创建了马克思主义研究会,并加入上海共产党早期组织——这是中国第一个早期共产党组织,同时积极参与社会主义青年团的筹建工作。此后,他执教于上海大学、广西大学、复旦大学等高校,成为著名的教育家、语言学家、翻译家。1920年那个春寒料峭的4月,埋头书案的陈望道不会想到,他将点亮一盏引导苦难中国走向新生的指路明灯,也为后人留下一段"蘸着墨汁吃粽子"的佳话。

4 《共产党》月刊

伟大的五四运动，吹响了中国新民主主义革命的号角，马克思主义开始在中国广泛传播。这场伟大爱国运动的领导者之一陈独秀，却遭到了北洋军阀的迫害，不得不于1920年2月，从北京秘密南下上海。离京时，他与李大钊讨论，并相约分别在上海和北京筹备成立共产党组织。

当年8月，在共产国际的帮助下，上海共产党早期组织在上海法租界老渔阳里2号的《新青年》编辑部正式成立，成员有陈独秀、李汉俊、俞秀松、施存统、陈公培等人。为了广泛传播马克思主义理论，上海共产党早期组织除了利用《新青年》等刊物介绍俄国十月革命，还创办了党的第一份机关刊物《共产党》月刊，李达任主编。

这本《共产党》月刊便是中国共产党诞生之前的历史见证。它诞生于1920年11月7日，这一天，恰是俄国十月革命胜利三周年纪念日，当时中国的共产党人希望有一天，中国也能够效仿俄国，走上社会主义的道路，所以创刊号上刊登了《俄国共产政府成立三周年纪念》《俄国共产党的历史》等文章，以纪念俄国劳工农民推翻沙皇及资本家统治、获得新生的胜利。

《共产党》月刊是上海共产党早期组织的半公开性理论刊物，故而以宣传共产党建设知识、介绍俄国共产党的经验和马克思主义学说、刊载第三国际的重要文件、报道共产主义运动在各国的发展等内容为主体，同时也阐明了共产党人的政治主张，批判一些落后、封建以及无政府主义的思想。陈独秀、沈雁冰、施存统等人均时常化名为该刊撰稿，每期内容由《短言》栏目、正文和《世界信息》栏目组成，后来还增加了《国内消息》部分。

不过，作为半公开的刊物，《共产党》月刊的内容编辑、生产印刷、发行，都很低调。编辑部最初设于上海法租界环

《共产党》月刊

龙路老渔阳里2号,后来又迁到南成都路辅德里625号。至于发行,也大多是随《新青年》附赠,或者是寄送往外地,发行量最高时有5000多份。《共产党》月刊作为当时各地共产党早期组织的必读材料之一,统一了建党思想,对国内工人运动的发展起到了极为重要的促进作用,更对中国共产党的诞生起到了宣传、组织和推动作用。

关联

中共一大会址

1921年的夏天,为了"召开一次全国性的代表大会,正式组建中国共产党",来自全国各地的党组织代表陆续赶到上海,在上海法租界望志路106号(今兴业路76号)一栋沿街砖木结构旧式石库门住宅建筑内,召开了中国共产党第一次全国代表大会。由于会议引起了法租界巡捕房密探的注意,经李达夫人王会悟建议,参会代表一致决定转移至浙江嘉兴,并在南湖的一艘画舫上继续会议议程,正式完成了中国共产党的建立工作——中国新民主主义革命由此开启新的一页。

中共一大会址

中共一大纪念船

李达（1890—1966）

1890年出生于湖南零陵的李达，是中国共产党的主要创建者和早期领导人之一。他早年留学日本，参与组建了上海共产党早期组织并出席了中国共产党第一次全国代表大会，此后他又创办中国共产党第一个出版机构——人民出版社，进行马克思列宁主义著作和革命丛书的出版。后来，李达又投身教育，先后在武昌中山大学、上海法政学院、上海暨南大学、北平大学、中国大学、朝阳大学、广西大学、广东中山大学等处任教。新中国成立后，他先后任中央政法干部学校副校长、湖南大学校长和武汉大学校长，并担任中国哲学会会长、中国科学院学部委员及哲学社会科学部常委、中国科学院武汉分院筹委会主任及院长等职。

5 毛泽东汇编的《新民学会会员通信集》

1918年，距离民国肇建已过去整整六年，然而苦难的中国并未因此得到新生。袁世凯称帝、张勋复辟、府院之争、直系与皖系军阀混战，一幕幕闹剧、一场场战争，都在将中华民族向黑暗深渊推进。而在农村，社会矛盾更加尖锐，无数农民深陷于水深火热之中，整个国家充满了暮气与不甘。一大批爱国志士与青年学生已经觉悟，他们并没有放弃拯救这个国家的理想，在黑夜中努力前行，寻找通往未来的道路。

这一年，在湖南的岳麓山刘家台子，毛泽东与蔡和森以"革新学术，砥砺品行，改良人心风俗"为宗旨，发起成立了"新民学会"。参加者多是湖南籍的知识青年，他们思想进步，都有着拯救这个国家、这个民族的远大志向，正是因为这个共同的目标，他们相聚在一起。

从这之后，刘家台子的蔡和森家热闹了起来，新民学会定期在此讨论学术、思想问题和国内外形势，探讨中国的出路与拯救劳苦大众的方法。随着学会的发展，越来越多的人加入其中，并在此后的湖南革命浪潮中，发挥着砥柱作用。五四运动的号角吹响后，新民学会不仅充分动员和组织湖南人民参加这场声势浩大的反帝爱国运动,还确定以"改造中国和世界"为宗旨。毛泽东、蔡和森、向警予、蔡畅……这些青年俊杰,更是从此走上了革命的道路,成为湖南新民主主义革命的核心骨干。

1919年,新民学会的许多会员前往法国勤工俭学,他们中的一部分人在那里接受了共产主义思想的熏陶;而以毛泽东为首的另一部分人,则留在国内坚持斗争,他们为共产党组织在湖湘大地的建立与发展,奠定了坚实基础。

尽管天涯一方、重洋相隔,新民学会的成员们始终保持通信,他们在信中交换学习心得、研究马克思主义、讨论俄国十月革命,这些信件后来被毛泽东按内容和时间汇编成三

《新民学会会员通信集》

集《新民学会会员通信集》。这些信件，是那个时候湖湘子弟进步思想的缩影，也是中国早期共产主义战士成长过程的重要一环，更是五四运动后马克思主义思想在中国广泛传播的历史见证。

关联

新民学会旧址位于湖南省长沙市岳麓山下，是1918年前后蔡和森与其母亲葛健豪、妹妹蔡畅等人的居住地。在那个风云激荡的年代，毛泽东等新民学会成员经常来到这处竹篱笆环绕的五间青瓦平房组成的院落，他们"恰同学少年"，他们意气风发，他们寻求改造中国的道路和方法，他们积极投身新民主主义革命，在中国革命史上谱写下了光辉的篇章。

6　杨开慧的首饰箱、杨开慧自传手稿

它本是一只普通的首饰箱，当地人称为"枕头箱子"，是杨开慧为数不多的嫁妆，后被用来盛放党的文件资料。

1920年冬天，杨开慧与毛泽东结为革命伴侣，婚礼简朴。这只朴实无华的小木箱，亲历了两人的相知相恋、患难与共，也见证了中国共产党人在革命时代的坚贞不屈。结婚之前，在父亲杨昌济先生的教育和毛泽东的熏陶下，杨开慧已经是一名汲取了许多新思想、新道德的进步女青年，并加入中国社会主义青年团，成为湖南第一批团员。

婚后的生活甜蜜温馨，因毛泽东立志于革命事业，杨开慧便将这只首饰箱充作文件箱使用，用来收藏一些重要的文件资料，并随身携带。中国共产党建立后不久，1922年初杨开慧加入党组织，成为毛泽东的得力助手，负责中共湘区的机要和交通联络工作，同时也协助毛泽东收集资料、抄写文稿。这只小箱子起到的作用越来越大。此后数年，毛泽东与杨开慧辗转于上海、长沙、湘潭等地，为革命事业奔波忙碌，杨开慧始终将这只箱子带在身边。

1927年8月，按照中央指示，毛泽东前往湘赣边界组织秋收起义，杨开慧带着三个孩子留在长沙板仓老家，此一

杨开慧的首饰箱

别,竟是两人的永诀。1930年,杨开慧被湖南军阀何键逮捕。面对敌人的严刑折磨与精神施压,她始终不屈,她称"死不足惜,惟愿润之革命早日成功"。1930年11月14日,杨开慧英勇就义于长沙浏阳门外识字岭,年仅29岁。

在被捕牺牲之前,杨开慧便深知白色恐怖之下,凶残的敌人绝不会放过自己。她将这只小箱子珍藏起来,同时将自己的一些诗文手稿隐藏在家中的隐蔽处。让人感到无比唏嘘的是,直到毛泽东逝世后,人们在两次修缮杨开慧烈士故居时,才陆续发现了这些藏于泥砖缝中的遗物手稿。这些早已被岁月吹黄的纸张上,字字墨书流露出杨开慧对丈夫的思念。自传性的散记《从六岁到二十八岁》是杨开慧于1928年6月20日写下的。在这篇散记中,她回忆了自己与毛泽东的爱恋过程,她写道:"从此我有一个新意识,我觉得我为母亲而生之外,是为他而生的,我想像着,假如一天他死去了,我的母亲也不在了,我一定要跟着他去死!假如他被人捉着去杀,我一定要同他去共这一个运命!"

这些毛泽东从未收到过的缱绻家书，记录了志同道合的革命情结和艰苦斗争中的生死相伴，而这份至死不渝的情丝与共产党人的坚贞不屈，也永远在中国革命史上闪闪发光，永垂不朽。

杨开慧自传手稿

第一章　开天辟地与大革命洪流

关联

中共湘区委员会旧址

湖南省长沙市八一西路538号,原为清水塘22号,是中共湘区委员会旧址所在。1921年中共湖南支部成立后,就租下了这里,作为秘密办公地。支部书记毛泽东与夫人杨开慧等人也居住在此。房子是典型的南方风格,为二进三开间砖木结构,青砖砌成外墙,木质板材隔为内墙,南北朝向,面积为100多平方米。堂屋右边第一个房间便是毛泽东与杨开慧的卧室兼办公室,第二间为杨开慧母亲的居所,堂屋左边分别为客房与会议室,李立三、刘少奇等同志都曾在此住宿休息及参加会议。

杨开慧(1901—1930)

杨开慧是著名教育家杨昌济的女儿。1913年,杨昌济留学归来,执教于长沙湖南省立第一师范,毛泽东、蔡和森等人均是他的学生。正是在此时,杨开慧结识了毛泽东。由于自幼受到父亲的教诲,杨开慧有着进步的思想与观念,在与毛泽东喜结连理后,更是追随丈夫投身革命,甚至不惜牺牲自我。

7 蔡和森勤工俭学遗物

鸦片战争后，因办"洋务"及推行"新政"所需，清政府曾数度派遣学生出国留学；甲午战争后，许多知识分子为了寻求救国救民之路，也纷纷前往异国求学。但无论是官派，或是自费，留洋学生大多选择美、英、日等国，鲜有前往法国者。直到民国建立后，一块小小的豆腐，却引发了无数中国青年前往法国求学的浪潮。

故事还得从1902年讲起，这时的清王朝已是苟延残喘之态，两年前的庚子事变，让这个国家彻底堕入深渊。就在这一年，一位名叫李石曾的青年来到法国，他是清流党党魁李鸿藻之子，此时的身份是驻法公使孙宝琦的随员。李石曾想在法国学点什么，于是进入了法国巴斯德农学院攻读农业。谁也未曾料到，李公子在巴黎读了几年书，对大豆产生了很大兴趣，不仅自己试做了豆腐，还向法国人大力推广起中国豆制品。到了后来，他干脆在法国创办了一家豆腐公司，生意好得出奇。

李鸿藻当过大清的军机大臣，可偏偏这个儿子是同盟会成员。在向法国人推销豆腐的同时，李石曾还开办夜校，让公司里的中国工人们学习文化，甚至亲自编写教材为他们授课。久而久之，李石曾心想，如果广大中国青年学生也能够来法国，"勤以做工，俭以求学"，不仅可以为国家培养人才，还能达到普及教育、振兴实业、改良社会的根本目的。

就这样，1912年，李石曾联合吴玉章、吴稚晖、张继等人在北京发起组织留法俭学会，并获得了时任教育总长蔡元培的大力支持。尽管中间曾有波折，到了1915年留法俭学会还是正式成立了，次年又在巴黎成立了华工学校。1917年，蔡元培、吴玉章等人又成立了北京华法教育会和留法勤俭学会。此时，正值新文化运动兴起，不少进步青年踊跃报名。为了让这些有志青年能够在留法之前，获得相应的技能培训，经北洋政府教育部批准，李石曾等人于1917年夏，在河北省蠡县（今高阳县）的布里村创办了中国第一所留法勤工俭学预备学校——布里留法勤工俭学工艺学校。

保定的留法勤工俭学运动纪念馆里的法华字典、法文课本、教科书、毕业证、工作证、工具，便是当年青年学生在布里留法勤工俭学工艺学校接受培训，以及去法国读书学习与工作时使用过的物品。这些珍贵的文物，有许多都属于那位名叫蔡和森的湖南青年，当年他与毛泽东一起，为了新民学会成员及其他湖南籍学生能够赴法勤工俭学而奔走忙碌，他本人也成为赴法学生中的一员。在布里留法勤工俭学工艺学校期间，他还担任"南方班"班主任兼国文教员。

与蔡和森一样，踏上赴法勤工俭学之路的中国青年有1600多人，他们中的许多人在法国学习、工作时，广泛接触到了法国工人阶级，了解了马克思主义，并由此觉醒，从而在劳动、学习、斗争中走上反帝反封建的革命道路。赵世炎、周恩来、李维汉、邓小平、陈毅、萧子升、徐特立、蔡和森、蔡畅、王若飞、黄齐生、向警予……每一个名字都在中国革命史上熠熠生辉。

留法勤工俭学运动纪念馆

关联

蔡和森（1895—1931）

  蔡和森是湖南湘乡人，1895年出生在上海江南机械制造总局的一个小官员家中，后跟随母亲返回湖南老家。在湖南省立第一师范读书时，蔡和森与毛泽东相识，后共同组织成立了新民学会，创办

《湘江评论》。1919年，蔡和森与母亲葛健豪、妹妹蔡畅前往法国勤工俭学，在此期间认真研读马克思主义著作，研究俄国十月革命经验，成为一名坚定的马克思主义者。他在法国发起了建党活动，组织了中国共产主义青年团旅欧支部。1921年底，蔡和森回国，在上海经陈独秀介绍加入中国共产党。此后，他在中央从事党的理论宣传工作，参与并领导了五卅运动等。1931年6月，蔡和森因叛徒出卖被捕，8月，牺牲在广州军政监狱，年仅36岁。

8 长篇叙事歌谣《劳工记》、 安源路矿工人俱乐部印制的部员证

晚清洋务运动兴起，李鸿章、张之洞、盛宣怀等洋务派兴办了大批兵工厂、矿厂，汉阳铁厂、萍乡煤矿便是其中之一二。1908年，由这两家厂矿，外加大冶铁矿组成了汉冶萍煤铁厂矿有限公司，专司实施钢铁冶炼。清政府的构想很美好，大冶出铁矿，萍乡出煤，汉阳负责炼铁，加之负责运输萍乡煤炭的株萍铁路，构成了一个完整的体系。然而这家清政府最大规模的新式钢铁联合企业，却因为多次向日本借款且无力偿还，逐步被日商所控制。在日本帝国主义、封建势力、官僚买办的三重压榨下，萍乡煤矿的工人过着极为凄惨的生活。

中国共产党成立之后，积极投身工人运动。以萍乡煤矿、株萍铁路构成的安源路矿，成为当时开展工人运动的主要区域。1921年秋冬，毛泽东两次到安源调查，深入路矿工人之中开展宣传工作。后来，李立三、刘少奇等人又受党的委派，来到安源领导工人运动，并在工人中成立夜校，建立社会主义青年团组织和共产党支部，而安源路矿工人俱乐部更是党开展活动的主要场所之一。

俱乐部印制的部员证长仅10厘米，宽不过6厘米，采用

的是浅黄色硬纸板，封面印有"安源路矿工人俱乐部部员证"字样，背面则是由岩尖、铁锤、车轮组成的部徽，其下方为"团结起来"四个大字。持有此证的工人们，在俱乐部里聆听党的教育、了解马克思主义，一步步成长起来，并逐渐团结在了党的周围，成为党领导下的一支重要力量。

面对如火如荼的工人运动，安源路矿当局自然不会坐视，他们无理地查封了工人俱乐部，并一连三月拖欠工资，使广大工人的生活陷入绝境。这种情况下，1922年9月初，时任中共湘区区委书记、劳动组合书记部湖南分部主任的毛泽东再次来到安源，并做出了举行大罢工的决定。

历史应该铭记，1922年9月14日，刘少奇、李立三等人受党组织委派，领导安源路矿工人发动了全面大罢工，要求保障工人权利、改善工人福利待遇、增加工资。在工人阶级爆发出的巨大力量面前，安源路矿当局妥协了，他们不得不同意工人提出的大部分条件。

胜利，并没有麻痹安源路矿的工人们，他们集体创作了一部《劳工记》，用这样的方式记录历史、觉悟大众。这部长篇叙事歌谣以大罢工事件为中心，真实而生动地叙述了自萍乡煤矿开办以来，安源路矿工人运动的兴起过程，以及其中发生的那些惊心动魄的故事，讴歌了工人阶级与劳苦大众，同时也展现了马克思主义与中国工人运动结合初期，工人阶级团结起来所爆发出来的威力。

关联

安源路矿工人俱乐部旧址

　　安源路矿工人俱乐部遗址是安源路矿工人大罢工胜利的象征，它由前后两栋建筑构成，前栋是砖木结构的二层小楼，刘少奇等人在安源开展工作时曾在此居住；后栋为讲演厅，由工人们自己捐款，按莫斯科大剧院式样设计建造而成，可以容纳800人在这里聚会。

安源路矿工人俱乐部旧址

9 林祥谦的怀表

它,是一块怀表,铜质,诞生于瑞士,这一年是1896年;在世界东方,一条连接北京与汉口的铁路此时正在酝酿建造。

当这只怀表漂洋过海,来到林祥谦身边时,那条铁路已经成为沟通中国南北交通的大动脉,但那些铁路工人并未由此得益。军阀混战、内战连绵,社会大局势如此,更毋庸说这些底层民众的生活状况了。恶劣的工作环境、沉重的压迫剥削,使得铁路工人们饱受奴役,生活困苦艰难。

没有人生而为奴,但也没有什么救世主,唯有打破旧势力,才能够换得新生。十月革命的炮声,为中国送来了马克思主义;中国共产党的建立,为这些被奴役的铁路工人指明了斗争的方向。在党的发动下,铁路工人们团结起来,成立了工会,并开办了劳动补习学校、组建了工人俱乐部。工人们有了自己的"家",有了属于自己的力量。

随着工人运动不断发展,反动势力也开始蠢蠢欲动。1923年1月,京汉铁路工人筹备成立总工会,但遭到了北洋军阀吴佩孚的无理禁止。即便如此,京汉铁路总工会筹委会经过多次酝酿筹备,还是决定于1923年2月1日在郑州召开京汉铁路总工会成立大会。

然而,京汉铁路总工会正式成立当天,大批荷枪实弹的反动军警在吴佩孚等人的命令下,强行驱逐了工会成员,还查抄总工会的文件材料,甚至包围、监视并砸坏代表们的住处。面对这种情势,工会代表们连夜召开紧急会议,决定自2月3日起,总工会从郑州迁移到汉口,并决定在2月4日发动总同盟大罢工。

1923年2月4日,在"为争自由而战,为争人权而战"的口号中,京汉铁路江岸分工会委员长、江岸地区罢工总负责人林祥谦看着这块怀表,当指针停在9点20分时,他下达了罢工命令。随着一声汽笛拉响,无数汽笛同时发出怒吼,响彻武汉三镇上空,一场轰轰烈烈的大罢工由此开始。

从江岸往北,到郑州、长辛店,数万名铁路工人,随着汽笛声的响起,相继开始罢工。一时间,列车停运,货物堆积,长达1200千米的京汉铁路全线瘫痪。面对如此局势,英美列强、资本家和反动军阀们惶恐、震惊、恼羞成怒,他们动用血腥的手段,来镇压瓦解工人。

大批手无寸铁的铁路工人被逮捕、屠杀,50多名工人牺牲,300余人受伤,这便是震

林祥谦的怀表

惊中外的二七惨案。而林祥谦也在带领工人与反动军警斗争的过程中，被敌人逮捕。

反动军阀将林祥谦捆绑起来，威胁逼迫他下令复工，林祥谦断然拒绝："头可断，血可流，工不可复！"凶残的刽子手一刀刀砍下，他也绝不屈服，直至身中七刀，壮烈牺牲。

尽管二七大罢工最终被敌人残酷镇压，但林祥谦等人领导的工人阶级，用生命与鲜血唤醒了更多被压迫被奴役的人民，让他们擦亮了眼睛，看清了帝国主义与反动军阀的本质。

关联

林祥谦（1892—1923）

1892年，林祥谦出生于福建省闽侯县一个农民家中。因为家庭贫困，14岁时，他便去了福州马尾造船厂当小学徒，后来进入汉口江岸铁路工厂当工人。在当时，代表先进生产力的工人阶级社会地位并不高，对资本家的剥削压迫无力反抗。中国共产党成立后，随着陈潭秋、林育南、项英等人前来工人当中办夜校、宣传革命道理，这些工人得以觉醒，林祥谦因为觉悟高，又有威望，所以很快成长起来。1922年，他加入了中国共产党，成为一名合格的共产主义战士。1923年2月7日，作为大罢工的领导者之一，林祥谦被敌人杀害，年仅31岁。

10 《中国青年》杂志

1963年10月18日晚，周恩来总理来到《中国青年》编辑部，出席创刊40周年纪念晚会。总理在第一任主编恽代英烈士遗像前沉默许久，似乎在回忆与老战友并肩战斗的革命岁月。

出生于武汉的恽代英，原籍江苏常州（武进），与张太雷、瞿秋白并称为"常州三杰"。在武汉中华大学读书时，恽代英就走上了革命的道路。五四风雷中，他参与组织和领导武汉学生，积极响应北京的爱国运动，并在此后创办了利群书社，作为武汉及周边地区青年运动的活动中心。1921年中国共产党建立后，恽代英加入党组织，开始了新的征程。

1923年夏，恽代英来到上海大学任教，不久出席中国社会主义青年团第二次代表大会，当选为团中央执行委员兼宣传部长，也就在这一年，他与邓中夏等人一起创办并主编了团中央的机关刊物《中国青年》杂志。在这之前的新文化运动中，恽代英曾在《东方杂志》《新青年》上撰文，并受少年中国学会的委托，在北京负责编辑《少年中国学会丛书》，有着较强的文化工作基础，同时也因为创办利群书社和共存社的经历，熟悉青年工作，故而由他来担任《中国青年》第一任主编，最为合适与恰当。

恽代英亲自为《中国青年》写下了发刊词，开篇便向青年们发出振聋发聩的疾呼："政治太黑暗了，教育太腐败了，衰老沉寂的中国象是不可救药了。"那么如何才能够拯救这个国家、这个民族？恽代英号召青年们觉醒和强健起来，只有"打倒一切魔鬼"，才能够"为中国前途开一个新纪元"。

在此后的工作中，才华横溢的恽代英时常为《中国青年》撰写文章，先后发表了100余篇。在这些文章中，恽代英始终保持着激情，用精辟深刻的道理，来分析当时中国青年所存在与面临的各种问题和思想，并以通俗易懂的语言，在文章中宣传马列主义、讴歌革命者，引导和鼓励广大青年不再蹉跎时光、碌碌无为，而是勇敢地投入大革命的洪流，为这个国家、这个民族的新生而战斗。

尽管后来恽代英离开了杂志主编的工作岗位，到革命更需要他的地方去了，但他始终牵挂着这本杂志。

这份中国近代史和中国共产主义运动史上最具战斗力和生命力的青年刊物，直至今天依然在出版发行，当人

《中国青年》杂志

们感慨它是"中国大陆现存历史最悠久的杂志"时，更不该忘记，那位名叫恽代英的中国共产党人。

关联

恽代英（1895—1931）

恽代英的一生，伟大而璀璨，这位年轻的中国共产党人不仅创办了《中国青年》，还与毛泽东、邓中夏、向警予等人一起参加了国民党上海执行部的领导工作，并兼任上海大学教授，负责编辑《新建设》月刊。他曾是黄埔军校的政治教官，在武汉以政治总教官的身份主持中央军事政治学校工作，参加了南昌起义、广州起义，还曾任党中央宣传部秘书长，负责编辑党刊《红旗》。1930年，他在上海不幸被捕，被关押在南京江东门外的中央军人监狱，后被叛徒顾顺章指认而身份暴露，拒绝劝降，被敌人杀害于南京，年仅36岁。在狱中，他写下一首豪迈诗篇："浪迹江湖忆旧游，故人生死各千秋。已摈忧患寻常事，留得豪情作楚囚。"1950年，周恩来为纪念恽代英殉难致辞，称赞他是"中国青年热爱的领袖""中国青年的楷模"。

11 中共帮助黄埔军校招生的文件

时光荏苒,十二年前,武昌起义的枪声,宣告了清王朝君主专制统治的终结,无数革命党人为之奋斗的中华民国诞生了。十二年间,这片土地发生了什么变化吗?北洋军阀取代了皇帝,成为北京城中的统治者,他们之间派系林立,相互争斗,直、皖、奉各系人马相互厮杀,混战成一团,将整个国家拖入深渊。欧美列强依然盘踞在中国的土地上,在租界内做着"人上人",与那些城里的资本家、乡下的地主乡绅勾结在一起,肆无忌惮地盘剥中国人民。

十二年来,孙中山一直致力于改变这片苦难的土地,可十二年来,革命遭遇了太多挫折——袁世凯称帝、二次革命失败、护法战争失败、陈炯明叛变……一次次的失败,让孙中山不得不远走海外、避难他乡。但这一次又一次的失败,并没有击垮这位中国民主革命的伟大先驱,反而让他得到了经验与教训,他知道旧军阀靠不住,唯有缔造一支真正属于革命者自己的军队,才能够取得最终的胜利。

1924年,在确立"联俄、联共、扶助农工"的政策后,孙中山及其领导下的国民党在广州城外的黄埔岛上开办了"陆军军官学校",用以培养革命军事干部,为国民革命训练军官。黄埔军校建立后，首先遇到了招生的麻烦。按照最初拟定的简章，对于报考黄埔军校的青年，要有中学或者相当于中学的学历，要积极向上、明白主义，还要身体强壮、没有疾病，此外还要经过作文、政治和数学考试及面试。当时，国民党仅在南方几个省和地区有影响力，其他省份都在军阀控制下，完全不能公开招生，而且当时的国民党组织也很松散，无法实施全国范围内的招生。

就在孙中山焦急万分之时，廖仲恺找到了中国共产党。此时的中国共产党尽管才成立三年，但吸引了全国范围内的许多有志青年，正处在蓬勃发展阶段。如果能够得到中国共产党的帮助，招生肯定没有问题。

黄埔军校颁发给何章杰的毕业证书

当时，为了让全国各地的青年才俊到广州这个革命大熔炉报考黄埔军校，投身革命，中共中央和青年团中央向各地组织发电，要求各地党、团组织冲破军阀障碍，积极做好黄埔军校招生的动员推荐工作。何章杰便是在1924年5月，由中共湘区委员会推荐进入黄埔军校第一期学习的。在校时，他加入了中国共产党，同年11月毕业并获得这张证书。

按照中央指示，各地党团组织纷纷动员和选送符合条件的共产党员、青年团员和革命青年报考黄埔军校。仅是毛泽东在上海，就在军阀孙传芳的眼皮子底下，输送了大批优秀青年前往广州。他们中的许多人，后来都成长为优秀的革命军事干部，并在此后的东征、北伐及抗日战场上，为中华民族的独立自由而战斗。

12 五卅斗争时的粗纱筒管

中国共产党建立之后，中国国内的工农运动开始蓬勃发展。到了1925年1月，党的四大召开，并提出了无产阶级在民主革命中的领导权问题。在确定了加强党对工农群众运动的领导之后，革命群众运动更是迅猛发展，劳苦大众的斗争热情如燎原烈火迅速蔓延。

这年2月开始，为了抗议日本资本家打人和无理开除工人，上海22家日商纱厂的近4万名工人先后举行罢工，但这场浪潮引发了日本帝国主义者与北洋军阀的强烈报复。5月15日，上海日商内外棉七厂资本家借口存纱不敷，故意关闭了工厂，并停发工人工资。工人顾正红（共产党员）在与资本家交涉时，被开枪射杀。在中国共产党领导下，上海总工会成立，一场声势浩大的反日大罢工也拉开了序幕。

这件粗纱筒管，是当时纺织工人卷绕纱线的工具，看似平常，但它亲历了那场震惊世界的大罢工，也见证了一场血案的发生。1925年5月30日上午，上海学生在公共租界举行集会、讲演，揭露帝国主义枪杀顾正红的罪恶行径并号召收回租界，遭到英国巡捕的大肆拘捕。下午，万余名各界群众聚集在南京路的老闸捕房，要求释放被捕学生。英国巡捕竟公然开枪射击，大肆屠杀手无寸铁的群众，造成数十人死伤，其中13名群众被当场打死，150余人被逮捕。这便是震惊中外的五卅惨案。

当天深夜，中共中央召开紧急会议，决定组织上海民众罢工、罢市、罢课，抗议帝国主义屠杀中国人民，并决定由瞿秋白、蔡和森、李立三、刘少奇和刘华等组成行动委员会，具体负责领导斗争。帝国主义的疯狂屠杀，也点燃了中国人民心中压抑许久的仇恨与怒火，从6月1日起，上海全市各行各业开始了声势浩大的反帝大罢工。6月7日，作为"三罢"运动公开领导机关的上海工商学联合会成立，同时提出了惩办凶手并赔偿，取消领事裁判权，永远撤出驻沪的英、日海陆军等17项条件。帝国主义不甘失败，他们不仅从黄浦江的军舰上调来海军陆战队，占领了上海大学等学校，还多次开枪向群众射击，制造了一场又一场血案。

面对列强的武力镇压，上海人民掀起了新的浪潮，工人罢工、学生罢课、商人罢市，就连租界当局的中国籍巡捕也加入其中，宣布罢岗。与此同时，这场轰轰烈烈的运动也迅速发展和扩大到全国各地，北京、天津、南京、青岛、郑州

五卅斗争时的粗纱筒管

等城市纷纷响应并发起支援，各地群众纷纷举行游行示威，并以罢工、罢课、罢市的方式声援上海各界，一场全国规模的反帝怒潮就此形成。

然而，在帝国主义和买办资产阶级的威胁利诱下，软弱的资产阶级率先动摇妥协了，上海商界先行停止罢市，从而破坏了反帝统一战线。这样的情况下，中国共产党为了保存力量，决定停止罢工。

声势浩大的五卅运动虽然就此落幕，但它带来的影响却在持续。这场伟大的运动不仅推动了中华民族的觉醒和国民革命运动的发展，还让年轻的中国共产党在斗争中受到了锻炼，为以后党领导大规模的群众斗争奠定了坚实基础。

关联

中共四大旧址

1925年1月11日至22日，中国共产党第四次全国代表大会在上海虹口宝兴里9号（现虹口区东宝兴路254弄28支弄8号）的一栋石库门三层民居内召开。七年后的一·二八事变中，这栋建筑毁于日军炮火。如今，上海市人民政府在遗址处立碑纪念，并在遗址附近的多伦路215号建立了中共四大史料陈列馆，后又于四川北路绿地公园内修建了中共四大纪念馆。

13 省港罢工委员会纠察委员会职员袖章

1925年的广州，革命潮流涌动。尽管孙中山病逝于北京的春天里，但广州革命政府此时依然按照孙中山遗愿，与中国共产党紧密合作，积极筹备北伐。这年夏天，五卅惨案的消息从上海传来，广州各界愤怒了——工、农、学、商、军纷纷走上街头，发动示威游行。与此同时，在中华全国总工会总书记邓中夏等人的组织下，全港工团联合会成立，以声援上海各界正在举行的五卅大罢工。然而，广州、香港人民的爱国行动，遭到了英国殖民主义者的残酷镇压。6月23日，英军士兵以游行队伍威胁广州租界为由，向游行群众悍然开火，造成50余人死亡，是为沙基惨案。

帝国主义者的残暴，激起了广州与香港人民的全面怒火，震惊中外的省港大罢工就此开始。同时，中共广东区委和中华全国总工会还成立了省港罢工委员会，以加强对省港几十万罢工工人的统率与管理。委员会以苏兆征为委员长，下设干事局、审计局、财政委员会、纠察委员会、保管拍卖处、会审处、拘留所、劳动学院、工人医院等机构。按照组织程序，罢工工人代表大会为最高权力机关，由按工人人数比例选举产生的代表组成；代表大会除了讨论制定重大政策、审查、监督所属委员会、局的工作之外,还有权对不称职者予以罢免。此外,省港罢工委员会还得到了广州国民政府的支持,除廖仲恺担任委员会顾问外,委员会可以代行部分广州国民政府的职权,直接做出部分在广东省内具有一定法律效力的决议、命令。

省港罢工委员会成立之后,于7月10日宣布,对英国人占领统治下的香港实施封锁,使之成为"饿港""死港""臭港"。为了进一步统一反对帝国主义的联合战线,一批经过训练的优秀工人被组织起来,深入到农村去,他们除了号召广大农民支持罢工,还积极帮助组建农民协会和自卫军;同时,另一批优秀的工人也被组织起来,建立纠察队。

这件红色袖章,便是当时纠察队员所佩戴的实物。在那场持续16个月之久的大罢工中,工人纠察队队员身穿制服、

省港罢工委员会纠察委员会职员袖章

臂戴袖章、手持武器,巡逻在乡村和城市,负责维持秩序、截留粮食和防范工贼等工作,有效地保证了秩序不混乱、物资不流出。

正是在这样的有效组织下,这场声势浩大的省港大罢工才能够持续16个月之久,成为第一次国共合作下国共两党成功领导的一次反帝斗争运动。

关联

苏兆征(1885—1929)

苏兆征是广东香山人,与孙中山同乡。早在1908年,他便加入了同盟会,在旧民主主义革命的浪潮中,积极参与推翻腐朽的清政府。出身海员的他,深知工人阶级的困难,正因如此,在1921年,苏兆征便与林伟民等人在香港建立中华海员工业联合总会。1925年的春天,苏兆征加入中国共产党,后参与领导震惊中外的香港海员大罢工和省港大罢工,并担任中华全国总工会委员长、广州苏维埃政府主席等职务。1929年在上海病逝。

14 醴陵第十区第十一乡农民协会木牌

《谷梁传·成公元年》记载,"古者有四民：有士民,有商民,有农民,有工民",即士农工商四民。自先秦时起,农民,便是古老中国最为苦难的群体。晚清民国以来,外有列强侵略掠夺、内有封建势力压迫,朴实的中国农民,更是身处水深火热之中。食不果腹、衣不遮体,也难以形容他们的困苦。

中国共产党成立后,一方面发动广大工人阶级；另一方面以毛泽东为代表的有识之士,则深入农村,广泛发动贫苦农民,建立组织,将这些被土豪劣绅盘剥的劳苦大众团结起来,将一盘散沙般的农村力量集中在农民协会这个组织中。为了能够在政治上、经济上打击地主、豪绅,也为了能够打破农村封建统治政权的禁锢,农民协会提出了"一切权力归农会"这一响亮的口号。

在农民运动蓬勃发展的湖南,从1922年到1926年,短短4年间,全省75个县中有37个县建立了县农会组织,会员人数约有150万。这件木牌,不过158厘米长、24厘米宽,却承载了湖南农民运动的伟大力量；"醴陵第十区第十一乡农民协会"13个淡白色阴刻楷体字,则是那个时代中,当地农村权力机关的象征——"一切事情,农会的人不到场,便不能解决"。农会不仅让广大农民有了依靠,也踏踏实实地让他们有了主心骨,不再畏惧土豪劣绅,从而极大地遏制了封建地主势力。

  通过农民协会,中国共产党人不仅发动了农民,领导了农民,也将革命火种撒到乡村去,点燃了积压两千余年的怒火,成功唤醒了因为压迫而麻木、因为愚昧而没有目标的广大农民,为后来建立以工农联盟为基础的革命政权扫清了障碍。

醴陵第十区第十一乡农民协会木牌

15 农民运动讲习所、
毛泽东主编的《农民问题丛刊》

那是1924年初，国民党一大刚在广州落下帷幕。这次会议上，国民党确定了"联俄、联共、扶助农工"的三大政策，由此历史进入第一次国共合作时期。同年7月，在时任国民党中央农民部秘书的共产党人彭湃倡议下，并经国民党中央执行委员会决议通过，农民运动讲习所正式开办，用以培训农运干部、促进工农运动。

不到一年的时间，农讲所就已开办了五期，先后培训了400多名农运干部。到了1926年，农民运动讲习所不仅搬到了番禺学宫，还扩大了招生范围。当第六届来自20个省区的327名学员端坐在课堂时，他们才知道，受国民党中央委派，时任中共中央委员、国民党中央候补执行委员和中央宣传部代理部长的毛泽东将担任农讲所的所长，周恩来、萧楚女、彭湃、恽代英等共产党人也将出任教员，而他们这一届所担负的使命更重要——为了配合北伐，毕业后将奔赴全国各地，领导农民运动和开展革命斗争。因此，学员们不仅要学习农民运动理论，还得接受军事训练。

农民问题是个大问题，农民运动该如何搞？身为第六届农讲所所长的毛泽东有着自己的方法。他除了理论教学，亲自给学员讲授"中国农民问题""农村教育""地理"三门课程以及"中国社会各阶级的分析"专题外,还带领学员深入韶州、海丰农村,到广大农民之中调查实习,通过社会实践的方式,来指导学员研究农民问题。

在这期间,毛泽东深感研究农民问题的资料极为匮乏,于是他从学员入手,主持拟定了租率、田赋、地主来源、主佃关系等调查项目,让学员根据自身家乡的情况如实填写,从而形成了各省农村的调查材料,再加上搜集整理的国内外农运文献资料、农讲所教员对农民问题的研究材料,汇集审订和修改,编成《农民问题丛刊》,并于1926年9月起陆续出版。

广州农民运动讲习所旧址

这套丛书包括《孙中山先生对农民之训词》《革命政府对于农民运动宣言》《湖南农民运动目前的策略》《中国之农业生产问题》等，共26篇，内容丰富翔实。丛书在宣传革命思想、提供政策指导、介绍农运经验和传播知识信息等方面，为农讲所学员以及全国各地的农运干部提供了学习参考，从而有力地促进了全国农民运动的蓬勃发展。

16 毛泽东的《湖南农民革命》

1923年开始,中共湘区委员会即开始关注农民运动,并派人领导开展农民运动。无数被唤醒的贫苦农民在农民协会的领导下,铲除贪官污吏、打倒土豪劣绅、积极配合北伐,在大革命中发挥了重要作用。然而,并不是所有人都希望看到万千农民从麻木中觉醒、在革命中觉悟,他们纷纷指责这场伟大的农民革命斗争,甚至就连中国共产党内部,也有一些不和谐的声音。

毛泽东认为只有经历调查才有发言权,同时也为了答复当时党内党外对于农民革命斗争的责难,他于1927年1月4日从长沙出发,深入乡村,对湖南农民运动展开考察。为了这次关系到解决中国革命中重大理论和实践问题的考察,毛泽东花了32天的时间,徒步行走了1400多里路,辗转湘潭、湘乡、衡山、醴陵、长沙等5个县。每到一处,他都广泛接触和访问广大农民,并在祠堂、庙宇等传统乡村集会地召开座谈会,聆听各种意见,从中获取了大量的第一手资料。在回到中央农民运动委员会驻地武昌后,毛泽东根据这些资料,写成了《湖南农民运动考察报告》。

在这份报告中,毛泽东不仅用大量确凿的事实,澄清了

《湖南农民革命》

关于农民运动的不实之词，驳斥了攻击农民运动的种种谬论，还提出了解决农村问题的理论和政策。他不仅充分阐述了农民在中国民主革命中的伟大作用，还明确指出了在农村建立革命政权和农民武装的必要性，同时也分析了农民的各个阶层，指出必须放手发动农民、组织和依靠农民，才能取得革命的胜利。

这份后来在中国革命史上有着极为重要地位的历史文献，在1927年3月率先被中共湖南区委机关刊物《战士》刊登，而后中共中央机关刊物《向导》也部分发表了这篇调查报告。同年4月，中共中央创办的出版发行机构汉口长江书店以《湖南农民革命》为书名，印发单行本，瞿秋白为之作序。正如这位分管宣传工作的中国共产党人在序言中写的那样："中国革命家都要代表三万万九千万农民说话做事，到战线去奋斗，毛泽东不过开始罢了。中国的革命者个个都应当读一读毛泽东这本书。"《湖南农民运动考察报告》的问世、《湖南农民革命》的出版，不仅意味着无产阶级及其政党开始领导农民革命斗争，也意味着在历史的紧要关头，中国革命有了正确的方向——在半殖民地半封建的中国，农民是无产阶级领导的新民主主义革命的主力军，只有推动农村大革命运动继续发展，唤起千万被压迫的贫苦农民，才能够取得中国革命的伟大胜利。

17 上海工人在第三次武装起义中使用的大刀

1920年代的上海,风起云涌,革命的浪潮一波接着一波。在中国共产党的领导下,伟大的工人阶级一次次奋起反抗、一次次流血牺牲。黄浦江不会忘记,1926年10月23日、1927年2月22日,上海工人接连发动了两次武装起义,被军阀与帝国主义联合镇压,众多工人惨遭杀害。

敌人的镇压并没有吓垮无产阶级,在中国共产党人的组织下,1927年3月21日,为了配合北伐军夺取上海——这座冒险家的乐园,上海工人发动第三次武装起义。起义由中共中央军委书记兼江浙区委军委书记周恩来任总指挥,中共江浙区委负责人罗亦农、赵世炎协助领导。为了确保起义胜利,江浙区委精心部署,不但组织了经过充分训练的纠察队,而且在广大市民中进行了广泛动员。

当天中午12点,随着一声令下,上海80万工人率先开始罢工,学生、商人也以罢课、罢市的方式支持起义。在这之后,工人纠察队发起了对北洋军阀的全面进攻。电话局、电报局、警察局相继被起义工人夺取,一时间,红旗漫卷。

这把大刀,是当时上海工人在武装起义中使用的,由于缺少武器,很多工人只能以简陋的武器与敌人对抗。根据记

上海工人在第三次武装起义中使用的大刀

载,以法商电车公司的工人纠察队为例,500多人只有5把手枪。便是这些以大刀、斧头武装起来的工人,不怕流血,不畏牺牲,从敌人手里夺取枪支弹药武装自己,不断冲向敌人的堡垒,夺取一个又一个胜利。

起义工人得到了上海人民的大力支持,许多普通市民站出来,主动为起义工人修筑工事、抢救伤员,许多饭店也赶制食品,供应前线。人民团结起来的力量,让敌人颤抖了,他们纷纷举起白旗缴械投降。截至当晚,起义工人先后攻占南市、沪东、沪西、浦东、虹口、吴淞等地,仅剩下闸北的敌人还在垂死挣扎。到22日晚,随着上海北站被起义工人攻占,第三次武装起义获得了最终胜利。

在这次起义中,有300余名工人牺牲,1000多人负伤。但他们的鲜血没有白流,就在消灭闸北最后一股敌人的当天,上海市民代表会议胜利召开,并成立了上海特别市临时政府。长期被帝国主义和北洋军阀统治的上海,第一次归于人民。

关联

赵世炎（1901—1927）

参与领导上海工人第三次武装起义的赵世炎，是中国共产党的创始人之一，也是著名的工人运动领袖。1919年，在李大钊的介绍下，赵世炎加入了中国少年学会，积极参与五四运动。1920年赴法勤工俭学。1921年，赵世炎与周恩来等人发起成立旅法中国共产党早期组织，成为一名中共党员。在回国后，赵世炎参与领导和组织了一系列工人运动，直到1927年7月2日被捕，17天后，这位伟大的共产主义战士在上海龙华，牺牲于敌人的屠刀下。

18 邓中夏与《工人之路》

湖南省宜章县太平里乡的邓家湾村，有一栋砖木结构的两层民居，青砖墙体、青瓦屋面、木板楼阁，与当地其他的湘南风格建筑没有什么区别。中国共产党创建人之一邓中夏，便诞生于这栋民居内。如今，这栋建筑作为"邓中夏故居"，向广大参观者开放，无声地讲述着这位卓越的无产阶级革命家、政治家、理论家短暂而伟大的一生。走进故居，陈列室的展柜中，几份名为《青年工人》《工人之路》的报纸刊物，尤为引人瞩目，它们是邓中夏领导和参与工人运动的见证者和亲历者。

时间拨转回1925年的那个夏天，为了声援上海五卅运动，反抗帝国主义的屠杀，香港和广州工人在中国共产党领导下开始了长达16个月的罢工运动，这便是震惊中外的"省港大罢工"。为了能够有效指导工人罢工斗争，中国共产党决定对中华全国总工会的机关刊物——《工人之路》进行改版，使之成为省港罢工委员会的机关报。作为大罢工领导者之一的邓中夏担任主编。

在这之前，邓中夏先后在《中国青年》《平民》《中国工人》等多份刊物上发表了《革命主力的三个群众》《论工人运动》《中国工人状况及我们运动之方针》《论劳动运动》《我们的力量》等文章，用通俗易懂的文字，阐述了无产阶级在革命中的领导权问题。他曾经作为长辛店工人的代表，出席过在广州召开的第一次全国劳动大会，当选为中国劳动组合书记部主任；又曾参与发动和领导京汉铁路工人二七大罢工，可谓有着丰富的工人运动经验。此外，这位北京大学国文系的高才生，还在创办长辛店劳动补习学校期间，出版了进步刊物《劳动音》，用以在工人群众中宣传马克思主义；并在国共合办的上海大学担任过校务长，又参与创办了《中国青年》杂志，对于办刊工作十分熟悉。由他来负责《工人之路》的改版，再合适不过。

6月24日，原为16开、24页的《工人之路》周刊正式改为8开、日刊的报纸，邓中夏任主编，蓝裕业、罗伯良等人为主要撰稿人。为了办好这份报纸，从版面设计到报头题字，从重要文章撰写到稿件校对，许多工作都是邓中夏亲力亲为。此外，根据读者群体和省港地区工作的需要，邓中夏还指导《工人之路》先后开辟了"短评""特载""省港罢工消息""国内新闻""世界新闻""工人常识"等专栏，用通俗易懂的文字宣传马克思主义，以辛辣尖锐的文章揭露军阀勾结帝国主义的嘴脸。后来，报纸还开辟了以"小孩子周刊"为题的副刊。

1927年4月14日，广东军阀发动四一五政变前夕，《工人之路》还在排印第616期。尽管这份深受工人欢迎的革命报纸因为白色恐怖而被迫停刊，但革命的火种早已经种下。而邓中夏也在敌人展开疯狂杀戮时，走向新的战场。八七会议上，他坚决支持土地革命和武装反抗国民党反动派，此后任中共江苏省书记并兼中央机关刊物《布尔什维克》编委，一度还兼任了中央军事部代部长；后来他作为中央代表，又赴湘鄂西根据地，领导红二军团工作。1933年5月，这位杰出的中共党员在上海法租界被捕，并被引渡到南京，关押在南京国民党宪兵司令部看守所。在狱中，邓中夏顶住了敌人高官厚禄的利诱和严刑拷打的摧残，坚定地表示："就是把邓中夏的骨头烧成灰，邓中夏还是共产党员。"9月21日，邓中夏被敌人杀害于南京雨花台，时年39岁。

《工人之路》

19 杨闇公日记

他,被周恩来赞为"为第一次国共合作牺牲的烈士"。

他,牺牲时,年仅29岁。

他,被敌人严刑逼供,断手、剜目,也未曾屈服。

他说:"人生如马掌铁,磨灭方休。"

他还说:"你们只能砍下我的头,可绝不能丝毫动摇我的信仰。我的头可断,志不可夺。"

他叫杨闇公,是中国共产主义运动的先驱者,早年加入国民党,从事反袁斗争,后东渡日本寻求救国之路,回国后,又因接触马列主义思想,而选择了中国共产党。他长期战斗在川渝地区,领导四川地区的革命运动,为党在四川、重庆的发展做出了巨大贡献。第一次国共合作期间,他还与吴玉章等人一起,协助整顿和改组四川的国民党组织。

1926年的冬天,中共四川地方执行委员会军事委员会成立,杨闇公出任书记,与朱德、刘伯承、吴玉璋等人一道,组织和领导驻扎在四川泸州、顺庆(今南充)地区的川军起义,有力地支持了北伐战争。

1927年3月底,在杨闇公等人主持下,重庆群众集会抗议列强军舰炮击南京，制造三二四惨案，控诉列强炸死炸伤数千名南京军民的罪行。四川军阀刘湘派出军警对广大集会群众实施了血腥镇压，成百上千人倒在反动派的枪口下，这便是惨绝人寰的重庆三三一惨案。随后，川系军阀又在4月初逮捕了杨闇公，对其实施了极为残酷的折磨。1927年4月6日，杨闇公被敌人杀害。

1985年，人们在修复杨闇公故居时，发现了烈士亲属藏于家中隐蔽处的三本日记。这些日记是杨闇公生前以钢笔书写而成，记录了他在1924年至1926年间的革命生活。字里行间，无一不流露出他对苦难中国的忧心，对民族未来的憧憬，以及追求真理的坚定。他在日记中写道："我是旧社会的叛徒，新社会的催生者。"也许正是这份摧毁旧中国、再造一个新中国的强烈信念，才使得这位伟大的共产主义战士，便是身受严刑，也未曾有一丝屈服。

杨闇公日记

20 毛泽东亲笔签名的萧楚女烈士证书

没有一张纸比它更沉重，它是一条生命，是一个民族的脊梁，也是一个共产党人的不朽灵魂。

填写在上面的名字是"萧楚女"，一个在风云激荡的年代，让无数共产党人与国民党人都万分景仰的名字。

萧楚女，不是他的原名。这位曾参加武昌首义，在阳夏保卫战浴血的年轻革命者，因为不满辛亥革命的胜利果实被袁世凯窃取，在《大汉报》和《崇德报》任编辑时，常以"楚女"为笔名发表文章，抨击反动军阀和封建势力。久而久之，萧楚女也就代替了萧树烈这个本名，为更多人所熟知。

十月革命的炮声震醒了无数中国人，受到巨大冲击的萧楚女也开始思考和寻找新的救国救民之路。1920年，萧楚女参加了恽代英在武汉创办的"利群书社"，在这里，他不仅汲取到更多的马列主义思想，还开始走上一条完全不同的崭新道路。两年后，萧楚女加入中国共产党，先后在湖北、安徽、四川等地开展革命运动。在四川省立第二女子师范学校工作时，萧楚女兼任《新蜀报》的主笔，负责撰写社论和时评，由于他的文章"字夹风雷，声成金石"，不是指责土酋军阀，就是痛骂贪官污吏，故而深受广大青年欢迎。

第一次国共合作开始后，萧楚女也积极响应党的号召，投身国民革命的浪潮。1926年1月，萧楚女奉命到广州任国民党中央宣传部干事兼阅览室主任，协助代理部长毛泽东编辑《政治周报》，后又被聘为全国农民运动委员会委员，并担任第六届农民运动讲习所专任教员。任教期间，他精心制订教学计划，给时任所长的毛泽东留下了很深的印象。许多年之后，毛泽东在回忆当年时，仍不禁称赞说："农民运动讲习所的教书，主要靠他（萧楚女）。"

不久之后，萧楚女到黄埔军校任政治教官，兼任黄埔军校国民党特别党部宣传委员会政治顾问，参与指导全校的政治工作。这时候，国共两党之间的裂痕已经越来越大，危险日益降临，但萧楚女丝毫不畏，他常常说："人生应该如蜡烛一样，从顶燃到底，一直都是光明的。"这种人格魅力，使得萧楚女深受黄埔学生的欢迎。1927年4月15日，广东的国民党反动派发动反革命政变，正在医院治病的萧楚女被敌人逮捕。由于萧楚女在黄埔学生中很得人心，唯恐事情生变的蒋介石在22日亲自电令广州，秘密处决萧楚女。

毛泽东亲笔签名的烈士证书，浓缩了萧楚女波澜壮阔的革命生涯，也是中国共产党对于每一位牺牲烈士的缅怀与纪念。

21 李大钊烈士遗书《狱中自述》

在中国共产党的发展历程中，李大钊是最初的思想传播者。他出生于那个动荡的年代，在东渡日本求学时，开始寻求救国之路。十月革命的炮声，为中国送来了马列主义，也让李大钊看到了一条崭新的道路。他开始以《新青年》等刊物为阵地，相继发表了《庶民的胜利》《布尔什维主义的胜利》等讴歌十月革命、宣扬马列主义的文章。

1920年，这位中国共产主义运动的先驱，在北京大学发起组织马克思学说研究会，后与陈独秀相约在北京、上海筹建中国共产党，并于10月发起组建了北京共产主义小组。从而成就了"南陈北李，相约建党"这段中国革命史上的佳话。作为主要创始人，李大钊在中国共产党成立后，始终战斗在最前沿。他不仅出任中国劳动组合书记部北方区分部主任，还代表党中央领导党在中国北方的工作，并为建立国民革命统一战线、实现第一次国共合作，以及协助国民党在北方的发展做出了重大贡献。

1927年的春天，一股"清党寒流"席卷了中国南北方，白色恐怖渐渐笼罩下来，4月6日，李大钊在北京被奉系军阀张作霖逮捕。面对利益诱惑，他坚贞不渝；面对酷刑，他宁死不屈，纵使双手指甲被拔去，疼痛钻心，也始终保持着革命者的气节。在狱中，李大钊用血迹斑斑的双手写下了这篇《狱中自述》，尽管全文只有约2800字，但字里行间，满是大义凛然的英雄气概。即便是身陷囹圄，面对死亡，他也未曾放弃理想，在回顾人生的同时，表达了自己的坚定信仰和伟大抱负，宣传了反帝、改造中国的革命主张。

1927年4月28日，李大钊英勇就义。这篇《狱中自述》被保留了下来，它是一名中共党员对党无限忠诚的历史见证，也是无产阶级大无畏牺牲精神的赞歌。

《狱中自述》

第一章　开天辟地与大革命洪流

22 李大钊就义的绞刑架

这是一具绞刑架,浑身锈迹斑斑的它,是国家一级文物。90多年前,它是反动军阀屠杀中国共产党人的刑具,它见证了中国共产党人直面死亡时的忠贞与不屈。

那一天,是1927年4月28日,中国共产主义运动的先驱、中国共产党的主要创始人李大钊站立在这具绞刑架下,抬头看着绞绳,无所畏惧。他的一生,始终是在追求真理。无论是东渡日本,就读于东京早稻田大学,还是回国投身新文化运动,宣传民主与科学,都是为了改造旧中国。

他用学识、文字与激情,感召了无数中国青年,让他们充满蓬勃朝气和进取精神。他传播马克思主义,与陈独秀相约建党,他为了这个国家做了太多太多。对于牺牲,他早有预料。

1926年4月,奉系军阀张作霖占领了北京,不久之后,这个旧军阀就下令杀害了《京报》主编邵飘萍和《社会日报》社社长林白水。此后,北伐军势如破竹,张作霖更是坐不住了。就在此时,国民党内的反动势力开始抬头,新旧军阀勾结起来。

1927年4月6日清晨,李大钊被张作霖下令逮捕,关押在北京西交民巷京师看守所内。不到一个星期，国民党反动派就在上海发动了四一二反革命政变，此后又在广州向共产党人举起了屠刀。轰轰烈烈的大革命陷入危急之中，革命者的鲜血正在流淌。

在狱中，李大钊受尽折磨，面对各种严刑拷问，他始终坚守信仰、初心不改。他依旧在思考着中国共产党与中国的未来。便是敌人决定处决他，他也是丝毫不惧，他相信，中国革命必将取得胜利，就像是当年他在文章中预言的那般——"试看将来的环球，必是赤旗的世界！"李大钊牺牲时尚不足38岁。

李大钊就义的绞刑架

第二章
"工农武装割据"的形成

23 朱德在南昌起义时使用的警用型毛瑟手枪

1927年7月的南昌，空气中弥散着一丝不安。上年11月，北伐军刚刚从军阀孙传芳的手中将这座"襟三江而带五湖"的历史名城、军事重镇克复，那时，满城尽是"拥护北伐""打倒军阀，除列强"的口号。转眼不到半年，就传出"新军阀头子蒋介石在上海发动'四一二反革命政变'的消息"，到了4月15日，传闻广州方面也在"清党反共"，那座国民革命之城笼罩在白色恐怖之中。5月21日，长沙许克祥发动"马日事变"，大肆捕杀共产党员与国民党左派，一时间，湖湘大地，血流成河。6月，朱培德在江西发动"清共"。武汉国民政府也是态度暧昧不定，大有与南京蒋介石同流合污之态。

局势波诡云谲，让人几乎难以喘息。就在这时，曾在南昌创办国民革命军第三军军官教育团并兼任南昌市公安局局长的朱德，从武汉返回。此行，他担负着重要的使命——在南昌城内积极活动，为发动武装起义做前期准备。

回到南昌后，朱德一方面设法争取南昌驻军的军官，另一方面则通过各种关系，了解城内外敌人的兵力部署情况。

由于此时南昌城内局势复杂，朱德随身佩带了一把

M1896式警用型毛瑟手枪。这种手枪，本是德国毛瑟兵工厂研制的一款自动手枪，7.63毫米口径。因具有威力大、动作可靠、使用方便等优点，故而广受欢迎。在中国，毛瑟手枪也被称为"驳壳枪""盒子炮"，广泛活跃在后来的抗日战场上，几乎成为游击队、武工队的随身装备。朱德携带的这把驳壳枪，为德国毛瑟兵工厂原装制造，枪号592032，弹匣可装10发子弹。

1927年8月1日，南昌起义的第一枪在夜幕中打响。朱德为这把手枪系上红飘带，率领第三军军官教育团，义无反顾地投入战斗，协同其他起义部队，一举夺下南昌城。

南昌起义不仅打响了武装反抗国民党反动派的第一枪，也是中国共产党创建革命军队的开始。这天之后，中国共产党将独立领导武装斗争，打破旧中国的枷锁，为这片土地上的劳苦大众赢来璀璨的明天。为了纪念这场伟大的起义，朱德后来在这把枪上刻下了"南昌暴动纪念""朱德自用"，以作留念。

朱德在南昌起义时使用的手枪

南昌八一起义纪念馆

此后,他又担任第九军副军长、军长等职,与周恩来、刘伯承、叶挺、贺龙等人率起义军南下潮汕。在三河坝与敌激战后,朱德又佩着这把枪,率起义军主力余部转战赣粤湘边境,发动了湘南起义,并与毛泽东领导的秋收起义部队会师井冈山,组成中国工农革命军第四军。自那之后,朱毛红军的星星之火将燎原而开,照亮中国革命的未来。

24 贺龙的《党员登记表》

这是一张字迹模糊、已经泛黄的《党员登记表》,填表人名为贺云青。它从1927年的硝烟中走来,记录了一位战功卓著的军事将领在革命斗争生死存亡的转折关头,毅然抛弃高官厚禄,选择跟着中国共产党走的崇高信仰。

云青,是贺龙元帅的字。这位出生在湖南省桑植县洪家关一户贫苦农民家庭的开国元帅,早年时,因家境贫寒,念私塾五年,便辍学务农。辛亥革命爆发后,贺龙积极参加了革命党,靠着两把菜刀,闹起了革命,硬是带着一群劳苦大众,拉起了一支革命武装,并在讨袁护国和护法战争中,屡屡打败敌人。

北伐战争开始后,积极响应孙中山"联俄、联共、扶助农工"三大政策的贺龙,率部举起打倒列强、打倒军阀的旗帜,参加了北伐军,担任国民革命军第九军第一师的师长。因战功卓著,1927年6月升任国民革命军第二十军军长。

四一二反革命政变后,革命转入低潮,此时贺龙刚升任第二十军军长不久,蒋介石送来了500万光洋和武汉卫戍司令的职位,试图收买他,但贺龙断然拒绝,坚定地站在共产党和工农大众一边。早在1926年8月,贺龙就明确提出要加入中国共产党，但当时尚处于国共合作时期，中央规定不准发展友军高级军官入党，因此，他的第一次入党申请没有得到批准。1927年7月23日，当中共中央政治局委员谭平山告诉他"在南昌举行暴动的计划"时，贺龙表示了热烈赞成，并说："我完全听从共产党的指示。"5天后，前来领导南昌起义的前敌委员会书记周恩来与贺龙见面，商议南昌起义的行动计划，这位农民出身的将军仍是毫不犹豫地说："我完全听共产党的话，要我怎样干就怎样干。"

1927年8月1日，贺龙任总指挥，率领包括3000湘西子弟兵在内的国民革命军第二十军全部，与第十一军第二十四、第十师，第四军第二十五师第七十三、第七十五团，以及朱德为团长的第三军军官教育团一部和南昌市公安局保安队一部共同打响了南昌起义的枪声。

夺取南昌后，起义军一路南下，9月，部队行进到江西瑞金时，考虑到贺龙一再提出入党的要求，经周恩来提议，由周逸群等人介绍，贺龙加入了中国共产党。宣誓仪式在瑞金县绵江中学内举行，由张国焘主持，谭平山、周恩来、李立三、恽代英等人参加了贺龙的入党仪式。这一天，他已经等待了太久太久，仿佛他的前半生，都在为了这一天，而等待。这份填于1938年11月的党员登记表，见证了贺龙对党忠诚、一心向党的坚定信念和入党初心。

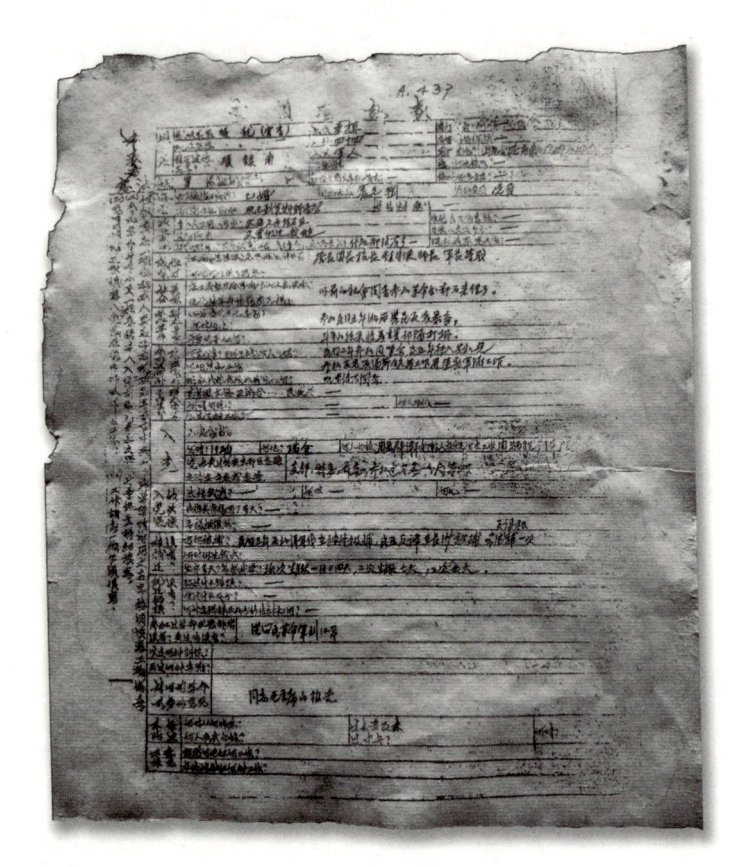

贺龙的《党员登记表》

关联

贺英（1886—1933）

在贺龙元帅"两把菜刀闹革命"之初，得到了许多人的大力支持，其中就有他的大姐贺英，率领地方武装打土豪、救穷人，积极响应弟弟的革命行动。贺龙率部参加北伐后，贺英又来到武汉，反复叮嘱弟弟，一定要警惕蒋介石、汪精卫之流。大革命失败后，贺英毅然决定返回湘西，坚持斗争。1927年底，这个泼辣的湘西妹子率领600余名贫苦大众，参加中共湘西特委组织的年关起义，并攻占桑植县城。次年2月，当得知弟弟贺龙受中共中央指派回到湘鄂西开展武装斗争后，她又主动加入工农革命军，参加了桑植起义，为湘鄂西革命根据地的建立付出了心血。1933年，在反"围剿"的战斗中，因叛徒告密，贺英所部被敌人包围，战斗中，这位湘西女红军不幸中弹，壮烈牺牲。

25 八七会议记录及其议决案

这叠文件从那个最黑暗的时代走来,它记录了中国共产党人决心建立武装,拿起武器对抗屠杀,挽救革命的开始。它们被书写下的那天是1927年8月7日。这一天,中共中央政治局在汉口原俄租界三教街41号(今鄱阳街139号)召开了紧急会议。在这之前,蒋介石在上海、汪精卫在武汉先后叛变革命,轰轰烈烈的大革命走向失败,中国共产党与中国革命正处于十分危急的关头。如何挽救革命、如何拯救中国,历史的洪流推动一群共产党人坐下来,召开了这次会议。

由于白色恐怖、形势紧迫、交通不便等因素,参会人员并不多,仅有身处武汉的中央委员、中央候补委员、中央监察委员、团中央委员,以及湖南、湖北的代表等21人参加了这次历史性的会议。

这次紧急会议仅召开了一天,但影响力极为深远。在总结大革命失败的经验教训、纠正陈独秀的右倾错误后,会议还选出了新的临时中央政治局,确定了土地革命和武装斗争的总方针。讨论并通过了《最近农民斗争的议决案》《最近职工运动议决案》《党的组织问题议决案》,明确指出了中国共产党"现时最主要的任务是有系统的、有计划的、尽可能在广大区域中准备农民的总暴动，利用今年秋收时期农村中阶级斗争剧烈的关键"，并要求各地基层组织"应当在极短期间调最积极的、坚强的、革命性稳定的、有斗争经验的同志，尽量分配到各主要的省份做农民暴动的组织者"。

出席这次会议的毛泽东，在会上提出了著名的"枪杆子里出政权"的论断，为正陷入思想混乱和组织涣散困境的中国共产党点亮了明灯，给中国革命指明了新的出路，为挽救党和革命做出了巨大贡献。在这次史称"八七会议"的紧急会议后，毛泽东便以中共中央特派员的身份前往湘赣边界，组织领导了秋收起义——这是中国共产党第一次公开打出自己旗号的武装斗争，也是农村包围城市战略的初步实践。

八七会议会址

这份会议记录及其议决案正是中国革命处于紧急关头、党的前途与命运到了最为危急的关键时刻，为中国共产党和中国人民今后斗争指明方向的历史见证。

关联

中国共产党第五次全国代表大会

1927年蒋介石发动四一二反革命政变，大肆屠杀共产党人和革命群众，大革命遭到了局部的严重损失。国内形成了武汉国民政府、南京蒋介石政权、北洋军阀三权并峙的局面，错综复杂的矛盾与日趋尖锐激烈的斗争，以及武汉汪精卫的摇摆不定，都需要中国共产党对形势有清醒的认识，并能够采取果断的行动。在这个非常状态下，1927年4月27日至5月9日，党的五大在武汉召开。然而，党的五大虽然批评了陈独秀的错误，但对当时无产阶级如何争取领导权，如何建立党的革命武装等一些迫在眉睫的重大问题，均未能做出切实可行的回答。直到三个月后，中共中央紧急召开八七会议，才真正开始制定正确的土地革命和武装斗争方针。

26 吴兆观烈士的环首大刀

"军叫工农革命，旗号镰刀斧头。匡庐一带不停留，要向潇湘直进。地主重重压迫，农民个个同仇。秋收时节暮云愁，霹雳一声暴动。"毛泽东这首作于1927年9月的《西江月·秋收起义》气势磅礴、刚健有力，寥寥数十字便将那场惊心动魄的武装起义，形象生动地展现出来。

那是1927年的夏季，根据八七会议精神，毛泽东以中央特派员的身份来到了湘赣边界，领导广大工农发动反抗国民党反动派的武装起义。起义部队主要由湖南平江和浏阳的农军、鄂南通城和崇阳的部分农民武装、安源煤矿的工人武装，以及没有来得及参加南昌起义的原国民革命军第四集团军第二方面军总指挥部警卫团组成。

起义前夕，湖南省委在长沙市郊沈家大屋召开会议，讨论制订秋收起义计划，毛泽东认为：如今国民党反动派叛变革命，大肆屠杀工农，丧失了民心，成为白色恐怖的象征，因此起义时"我们应高高打出共产党的旗子"。毛泽东的这个建议得到了大家的认同，共产党人必须要以自己的名义领导革命。于是在起义前夜，起义军进行了编组，成立了工农革命军第一军第一师（卢德铭任总指挥，师长余洒度），下

吴兆观烈士的环首大刀

辖三个团，分别是由国民革命军第四集团军第二方面军总指挥部警卫团、平江工农义勇队，以及鄂南崇阳、通城的农民武装组成的第一团，由安源路矿工人纠察队、矿警队，以及安福、莲花、萍乡、醴陵、衡山等地的工农武装组成的第二团，还有以浏阳农军为主的第三团。同时，在何长工的主持设计下，第一面军旗也被赶制出来。共计4000余人的起义部队，统一由毛泽东为书记的中共湖南省委前敌委员会指挥调度。

1927年9月9日，轰轰烈烈的湘赣边界秋收起义正式打响。这把大刀的主人是第三团文书吴兆观，由于缺少武器，参加秋收起义的工农武装，大多是手持梭镖、大刀参加战斗。便是这样，起义部队还是取得了一系列的胜利，但在敌人的反扑下，起义遭受挫折。毛泽东果断做出决定，改变攻打长沙的计划，保存实力，到敌人统治力量薄弱的农村去，在广大农民的支持下，坚持武装斗争，发展革命力量。根据这一部署，起义部队开始转移。

9月23日，起义部队在江西萍乡卢溪镇遭反动军队伏击，损失数百人，总指挥卢德铭和许多战士牺牲。这把大刀的主人吴兆观和他的儿子吴学农在战斗中被敌人俘虏并杀害。

9月29日，起义部队抵达江西省永新县三湾村时进行了改编，由原来的一个师缩编为一个团，将党的支部建立在连上；成立各级士兵委员会，实行民主管理制度，在政治上官兵平等。

三湾改编后，起义部队在毛泽东的率领下，向井冈山进军，并在那里开辟了中国共产党领导下的第一个农村革命根据地。

27 广东海陆丰工农革命军起义时佩戴的红领巾

红色，属于中国共产党领导下的人民军队，鲜艳如血，又似朝阳，旗帜鲜明地宣告了这支军队的政治属性，也饱含着这支军队自创建以来，为改变国家命运、守护人民安宁而流淌的热血。这面红领巾，便是这支红色军队创建之初的历史记忆。

将时间拨转回1927年的春天，随着蒋介石在上海发动四一二反革命政变，粤系军阀也于4月15日在广州举起屠刀。广东，这个曾经孕育了革命的土地，被共产党人的鲜血浸透。5月1日，以张善铭为书记的中共海陆丰地委，率先领导农民武装发起武装起义，反抗国民党反动派的屠杀。起义军一度攻占了海丰、陆丰、紫金3座县城，但随着国民党军及地方保安部队的大肆反扑，起义宣告失败，不得不撤入乡村山区，以保存实力。

南昌起义后，为了接应南下的起义部队，在中共海陆丰县委（由中共海陆丰地委改称）领导下，农民自卫军再次举行武装起义。然而，再次遭到挫折。此时，南下的南昌起义部队在国民党军的围追堵截中，损失惨重，部队被打散，部分人员撤入海陆丰地区，并在这里整编为中国工

广东海陆丰工农革命军起义时佩戴的红领巾

农革命军第二师。

10月30日,根据中共广东省委的指示,中国工农革命军第二师及海陆丰的农民赤卫军联合发动了第三次武装大起义。系着红领巾的工农革命军和工农武装携手并肩,向敌人发起猛烈的进攻,一时间,红旗席卷海陆丰地区。在起义军的打击下,敌人节节败退,起义军接连攻克海丰、陆丰两县城。

在夺取胜利后,工农力量总结教训,第一时间便开始实施农村土地改革,并建立政权。11月13日至16日,陆丰县召开工农兵代表大会,成立了陆丰县苏维埃政府。数日之后,中共中央委员彭湃也在海丰学宫大成殿主持召开了海丰工农兵代表大会,宣告海丰县苏维埃政府成立。这两个红色政权的成立,标志着中国共产党人在粤东地区开始建立红色政权、建立农村根据地。

关联

彭湃（1896—1929）

　　1896年，彭湃出生于广东省惠州府海丰县的一个地主家庭，早年留学日本，1921年回国后，加入中国社会主义青年团，逐渐成长为一名无产阶级革命家。早在1922年，彭湃就在海陆丰地区开展农民运动，被毛泽东称为"农民运动大王"，他所撰写的《海陆丰农民运动》一书，更是成为从事农民运动的必读书。1927年，彭湃领导建立了中国第一个农村红色政权——海陆丰苏维埃政府，并在次年当选为中央政治局委员，而后前往上海工作，任中共中央农委书记、中共中央军委委员、中共江苏省委军委书记等。1929年8月，因叛徒出卖，彭湃不幸被捕，在上海龙华英勇就义，年仅33岁。

28
张太雷烈士家书手稿

这是一封外表残破的书信，写于中国共产党成立之前，它的主人名叫张太雷，是中国共产党早期的重要领导人之一，也是中国共产主义青年团的创始人之一。

1915年，张太雷考入北洋大学法科预备班，读书期间，他投身于五四运动的浪潮中。也就在那时，他接触到了马克思主义，不仅研读了列宁的《国家与革命》等著作，还加入了李大钊在北京创立的共产主义小组。当共产国际派来的维经斯基，在北京同李大钊等人会谈，讨论建立中国共产党的问题时，张太雷作为翻译参与其中。也正是这次担任翻译的缘故，使得张太雷在1921年，踏上了前往莫斯科的旅途。这一年，中国共产主义组织需要派遣一名代表前往共产国际，在综合考量后，曾与维经斯基打过交道又精通英文的张太雷，是最为合适的人选。就这样，年仅22岁的他，代表正在筹建中的中国共产党，前往莫斯科出席共产国际第三次代表会议，成为中国共产党派往共产国际的第一位使者。

此行之前，深知自己肩负崇高使命的张太雷，写下了这份家书。在信中，张太雷向母亲和妻子诉说了自己为何

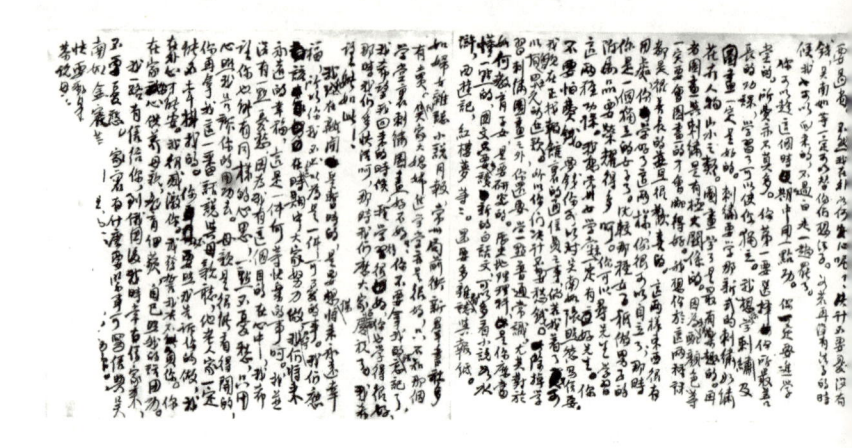

张太雷烈士家书手稿

在家境窘迫的情况下，依然要放弃读书做官，而走上另一条道路，并希望得到她们的理解。这封信写得不容易，既要保守秘密，不能说明自己远赴他乡的原因，又要隐蔽地表达自己对于未来的打算，以及解释自己所追求的幸福，到底是怎样的一种幸福。故而无论是出于斟词酌句的需要，还是内心里带有某种情感，又或者是为了严守党的秘密，张太雷反复修改着信里的文字，以至于这封信上充满了他涂改的笔迹。但即便是这样，透过文字，人们依然能够看到这位共产主义战士对于信仰的坚定，以及为四万万中国人永久幸福而战斗的决心。

1927年，张太雷牺牲在广州起义的枪声中。但他的精神不死，在他的影响下，他的子女也走上了革命的道路。儿子张一阳在加入新四军后，投身抗日救亡的战场，在皖南事变中不幸被俘，在上饶集中营被敌人折磨致死。父子

二人就这样用自己生命的代价，诠释了为中国人民谋求幸福生活不惜牺牲自我的决心。

关联

张太雷（1898—1927）

　　张太雷，江苏武进人，与瞿秋白为同乡、同窗。两人是中国共产党历史上著名的"双子星"。早年丧父的张太雷与母亲相依为命，尽管家境贫寒，但工于学业。然而，与别人不同，学业有成的张太雷并没有选择当官发财，而是选择了一条艰难的道路。1927年，在领导广州起义时，张太雷不幸中弹身亡，年仅29岁。他是中国共产党历史上第一位牺牲在前线的中央委员和政治局成员。

29 刑场上的婚礼

广州的冬天,充满寒意。城郊红花岗,一对青年男女坦然面对黑森森的枪口,他们将刑场当成礼堂、将即将响起的枪声视作礼炮,他们从容不迫,他们在满地肃杀间,将深埋心底的爱恋公布于众,这是一场不是婚礼的婚礼,也是一段气壮山河的革命爱情。这对男女名叫周文雍、陈铁军,是两名中共党员,他们牺牲的那天是1928年2月6日。

1905年8月,周文雍出生在广东开平一个塾师家庭,自幼受父亲的教导,立志要做一个有骨气的人。1922年秋,周文雍考入广东省立第一甲种工业学校机械科。当时的广州,是一座革命的城市,无数青年在这里被熏陶,走上了救国救民的道路,周文雍也不例外。1925年,年仅20岁的周文雍加入中国共产党,并先后任中共广东区委工委委员、广州工人纠察队总队长、中共广州市委组织部部长兼市委工委书记等职务。1927年,轰轰烈烈的大革命失败,许多中共党员转入隐蔽战线,坚持斗争。为了掩饰身份,组织派遣时为中国共产党两广区委妇女委员的陈铁军与周文雍假扮夫妻。陈铁军比周文雍年长一岁,在广东大学文学院预科求学期间，追求进步的她接触到了革命思想，1926年4月加入中国共产党后一直活跃在革命运动的最前沿。

这对假扮夫妻的年轻人，以自己的小家为掩护，坚持战斗在隐蔽战线上，而长久在一起的生活，也让两个革命战友渐渐互生情愫，可惜历史没有留给他们太多的甜蜜与时间。1927年底，周文雍参与领导了广州起义。在敌人的残酷镇压下，起义很快失败，数以千计的起义军、工农战士、革命群众被敌人杀害。战友们的流血牺牲，让周文雍与陈铁军二人无暇谈及个人情感，他们擦干眼泪，强忍悲痛，投入新的战斗。

1928年1月27日，农历除夕夜，由于叛徒告密，周文雍和陈铁军在家中被捕。为了从这对"夫妻"口中得到有用的情报，敌人对他们酷刑逼供，但年轻的共产党人始终不屈。恼羞成怒的敌人决定公开处决他们。临刑前，周文雍要求与陈铁军合影，于是给后人留下了一张珍贵的铁窗前的遗照。在监狱的墙壁上，周文雍写下《绝笔诗》以明心志："头可断，肢可折，革命精神不可灭。壮士头颅为党落，好汉身躯为群裂。"

这一年的元宵节（2月6日），年仅23岁的周文雍、24岁的陈铁军，慷慨走向红花岗刑场。长久以来，为了革命事业，他们将爱情深埋心底，此时此刻，在生命之花即将凋落之际，他们决定将敌人的刑场化作革命者的婚姻礼堂，用刽子手的枪声作为结婚的礼炮。

烈士牺牲了,但他们大无畏的英雄气概感动了更多人,反动派的屠刀吓不倒共产党人,一批又一批的青年在白色恐怖中投身革命的潮流,如周文雍、陈铁军那般,为了这个古老国家的新生,战斗不休。

周文雍、陈铁军合影

30 向警予的作文

"吾才庸,不能为国,无毋蚀国可矣;吾才庸,不能使人人毋蚀国,以诏吾子可矣。"写下这段文字的人,名叫向警予。这是她20岁时,写下的一篇作文——《田状元传》中的一段。

在这篇作文中,向警予讲了一个故事:海门县有一农民名为刘云程,为人忠厚老实,他的一生很平淡,除了专注务农,无所爱好,乡民们称他为"田状元"。邻居不以为然,讽刺说:"耕田务农都是细碎小事,并非大丈夫应有的志向,一旦国难,到时候田也没了,你又该如何?"老实巴交的"田状元"有自己的见解,他说:"官之失政,百姓饥寒,才是国家危难的根本。我才华平庸,无力报效国家,但我不祸害国家,虽然我无法使别人不害国,但我可以教育子女努力报效国家。"

向警予在这寥寥数百字的作文中,以普通民众的口吻,表达了心怀国家又脚踏实地将力所能及之事做好的复杂情感。这篇《田状元传》只是向警予在周南女校读书期间,写下的诸多作文中的一篇。那时的她,学习刻苦,极为上进,她写的文章大多针砭时弊,且尖锐泼辣,故而每一篇都很得老师好评。

这位学习优秀的女学生，始终关心国事。她在周南女校读书时，常常与同学们一起走上街头演讲，唤起同胞们救国救民的热情。此外，心怀"妇女解放"和"教育救国"抱负的她，还为了解放旧社会的女子而奔波。在广大进步人士的支持下，向警予在家乡创办了男女合校的溆浦小学堂，这所新式学堂在她的主持下，向广大青年"传授新知识、提倡新风尚、宣传新思想"，为溆浦当地培养了不少有用的人才。

后来，向警予结识了毛泽东、蔡和森等人，加入新民学会，由此走上了为解放中国人民而斗争的革命道路。五四运动后，向警予与蔡畅、蔡和森等人一同赴法勤工俭学，并在那里参加了共产党的创建工作，被毛泽东称为"我党惟一的女创始人"。

1921年底，向警予踏上了回国的旅途，次年初，她正式加入中国共产党，成为最早的一批女共产党员。党的二大上，向警予当选为第一位女中央委员，并担任党中央第一任妇女部长，开始领导无产阶级妇女运动，号召广大女性团结起来，为解放自身而战斗。

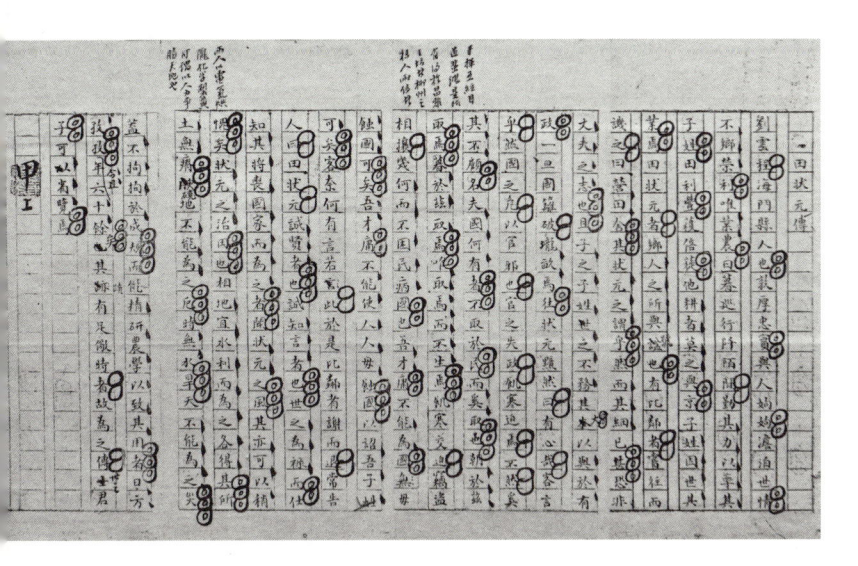

《田状元传》

关联

向警予（1895—1928）

  向警予出生于湖南一个商人之家，父亲向瑞龄是溆浦县商会会长，思想较为开明，他不仅将向警予的几个哥哥送到日本留学，也将年幼的向警予送进学堂。1903年，年仅8岁的向警予成为全县第一个女学生。在参加革命后，向警予一直致力于妇女工作，直到1928年因为叛徒的出卖，在武汉法租界三德里被捕。由于宁死不屈，被敌人杀害，终年33岁。

31 一份写满代号的名单

莫斯科，1928年6月。这个季节，苏联大地正是初夏，风景明媚，气候宜人。人来人往的莫斯科火车站，忽然多了几分神秘色彩。一辆辆汽车拉着窗帘，直接驶上月台，接上从火车下来的神秘旅客后便直接离开，一路风驰电掣，穿过城市中心，直奔郊外而去。

距离莫斯科市中心约40千米的五一村帕尔科瓦亚大街18号，是一栋三层高的典雅小楼。90多年前，那些拉着窗帘的汽车所接来的神秘旅客，便云集于此。他们彼此见面后充满欣喜，他们是一群中国人，或者更准确地说，他们是一群中国共产党人。

此时的中国，正处于白色恐怖之中，国民党反动派联合帝国主义以极其残酷与血腥的方式，对中国共产党人展开疯狂屠杀。而在江西、湖北、湖南等地，星星之火闪烁在万千劳苦大众之中，它们是那么微弱，仿佛随时可能会被敌人扑灭。正是在这样的情况下，中国共产党决定召开一次全国代表大会。

由于参会代表较多，国内很难找到一处相对安全的开会地点，正在此时，赤色职工第四次大会、共产国际第六次大会和少共国际第五次大会都将先后在莫斯科召开,中国共产党也将派代表参加,于是考量再三,中共中央决定在莫斯科召开第六次全国代表大会。

1928年4月2日,中共中央临时政治局常委会正式开会研究召开六大的问题,此前他们对所有参会代表的名额和身份进行了充分与反复的酝酿。经过讨论,决定由李维汉、任弼时留守,负责中央日常工作;邓小平为留守中央秘书长;瞿秋白、周恩来等中央领导人,以及参加六大的全国代表将分批秘密前往莫斯科。

由于危险重重,而且国民党反动派与帝国主义勾结在一起,厦门、大连、上海等港口城市都在英美法帝国主义、日本警察及国民党特务的控制下,东北又是奉系军阀的大本营,中央采取了一系列措施,防止参会代表身份泄露,保护代表身份安全。譬如,在哈尔滨、满洲里等地安排地下交通站秘密接应代表们过境,并在哈尔滨到苏联的铁路线上做

中共六大代表名单

好准备工作，以保证参会代表能够安全穿过国境线。这份写满代号的名单，也是当时的保密措施之一。为了防止身份暴露，根据《中共六大大会会场规则》规定，从代表到达会场报到之日起，不再使用自己的名字，一律使用编号。

经过不懈努力，出席大会的142名代表分批次抵达莫斯科，并于6月18日至7月11日，胜利召开了中共第六次全国代表大会。这次大会，成为中国共产党唯一在国外召开的全国代表大会，同时也因为惊心动魄的革命斗争需要，而成为历史上唯一一次用代号相互称呼的大会。

32 贺瑞麟烈士《死前日记》

"今天是中秋节,是我'死前日记'的开始。"

这是贺瑞麟烈士临刑前写下的话。这位牺牲时方才19岁的青年共产党人出生于江苏铜山县,1925年考入东南大学附属中学。读书期间,贺瑞麟对北洋军阀统治下人民生活的困苦不堪深表同情。从那时起,还是少年的他,就开始接触进步书籍、了解马列主义,并先后加入共产主义青年团和中国共产党。

这一年,五卅惨案发生,南京各界也成立了"五卅惨案南京后援会"。贺瑞麟积极参与其中,率领东南大学附中的学生参加示威游行,因此被反动当局逮捕,并被学校开除。出狱后的贺瑞麟继续从事革命工作。

1928年5月,中共南京市委召开了第二次党代表大会,选举产生了新的市委领导班子,孙津川任市委书记,贺瑞麟则当选为市委委员兼共青团市委书记。此时的南京,是国民党反动派统治中国的首都所在,敌人自然会加大对共产党人及进步人士的抓捕与迫害。当年7月,中共南京组织遭受第三次大破坏,贺瑞麟不幸被捕,被关押在国民党首都卫戍司令部看守所。

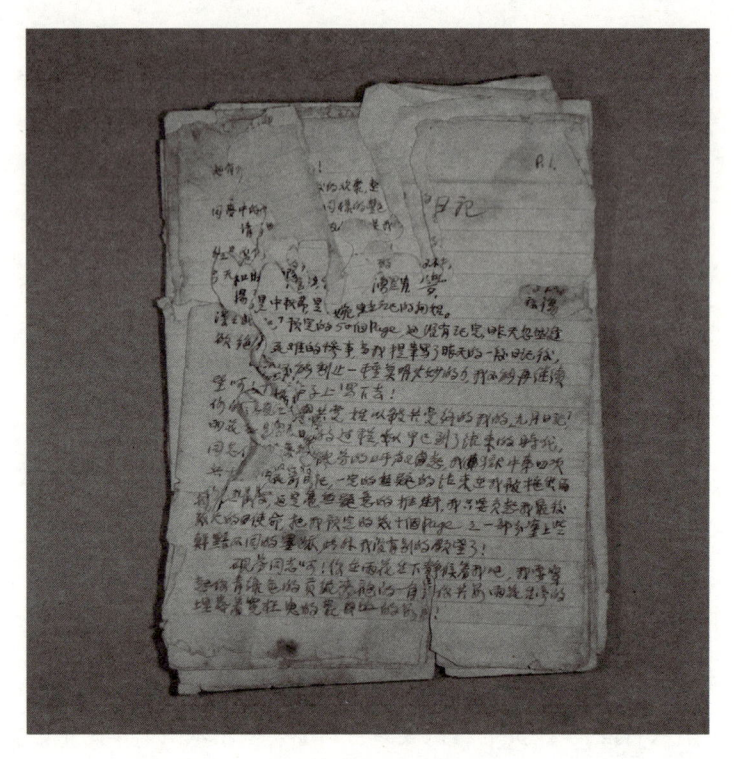

贺瑞麟《死前日记》

  在革命斗争中成长起来的贺瑞麟，深知自己此番入狱大概难逃一死，他决定在生命即将结束之时，用笔写下自己对于革命的思考、对于这个国家未来的期待。9月28日，同期被捕的史砚芬、王崇典等4名革命志士在雨花台被敌人枪决，贺瑞麟知道自己生命的尽头就在不远处了，于是他从看守那里要来纸笔，悄悄开始写日记。

  23页纸，记录下了1928年9月28日至10月5日，贺瑞麟临刑前的心理历程。在日记里，他慷慨陈词，痛斥敌人；他用笔尖将狱中的黑暗记录下来,也将被捕同志的抗争情景描绘在笔墨之中;他坚信"未来的世界终归是我们的!"

1928年10月6日,贺瑞麟在雨花台从容就义。临刑前,他将日记及其他几篇文章托付给狱友刘德超。

新中国成立后,党和国家决定在雨花台修建烈士陵园,出狱后辗转多地的刘德超看到雨花台烈士陵园筹备委员会在报纸上刊登的"征集在宁牺牲之人民革命烈士的史迹"启事后,将自己珍藏了20余年的烈士手稿捐赠出来。人们终于得以见到这位年轻共产党人用笔墨与鲜血书写的青春诗篇。

33 陈觉与赵云霄夫妇的遗书

在写满光荣与牺牲的中国革命史上,有这样一对情侣,他们因为革命事业相知相识、相恋相爱;他们在异国他乡结为伉俪,又一同返回祖国,投身轰轰烈烈的革命运动,为中国人民的独立自由而战斗;他们彼此相守,不惜牺牲自我,也要为拯救这个堕入深渊的国家而奋斗;由于叛徒出卖,他们不幸被捕,被敌人关押在同一座监狱,但咫尺天涯,无法相见;他们宁死不屈,最终先后为革命献出了宝贵的生命。他们便是陈觉、赵云霄夫妇。

陈觉是湖南醴陵人,赵云霄是河北阜平人,他们都是1925年入党的优秀青年。这一年的冬天,两人先后踏上了前往异国他乡的旅途,成为第一批赴莫斯科中山大学学习的中国青年。

为了支持孙中山领导的革命事业,苏联在广州帮助国民党创办了黄埔军校,又在孙中山病逝后,于莫斯科开办了"中国劳动者孙逸仙大学",专门培养中国革命所需要的人才。张闻天、邓小平、王稼祥、沈泽民、何凯丰、李竹声、盛忠亮、蒋经国、谷正纲、谷正鼎等一大批国共两党的优秀才俊,都曾在此学习。正是在莫斯科学习期间,陈觉与赵云霄由相识到相知，最终结为革命伴侣。因为身在异国他乡，所以婚礼很简朴，没有父母之命、媒妁之言，也没有花炮锣鼓，只有两人为革命奉献一生的约定，以及以革命事业为共同奋斗目标的宣誓。

转眼两年过去了，学成毕业的时候，正是国民党反动派对共产党人举起屠刀之时，陈觉与赵云霄依然携手回到正处于白色恐怖中的中国，开展革命运动。根据党的指示，夫妇二人前往湖南，参与领导醴陵年关暴动，带领农民开展武装斗争。一时间，湘东地区的工农革命风暴被推向高潮。然而湖南军阀何键丧心病狂，他要将共产党人与革命群众斩尽杀绝，故而下令在醴陵推行"宁可错杀一千、不可漏杀一人"的血腥屠杀，轰轰烈烈的湘东工农革命一时间陷入低潮。

陈觉、赵云霄奉命前往长沙，在湖南省委机关工作，开展地下斗争。1928年，陈觉奉命前往中共常德特委工作，妻子赵云霄因怀有身孕未能同行，留在长沙湖南省委机关担任联络员，谁也未曾想到，这一别，竟是永别。

由于叛徒出卖，陈觉在常德被捕，而赵云霄也因为中共湖南省委遭破坏而被捕，两人都被关押在长沙陆军监狱署。面对敌人的酷刑和威逼利诱，夫妇二人未曾忘记结婚时的誓言，他们大义凛然，不为所动，最终被敌人以所谓"策划暴动，图谋不轨"的罪名判处死刑。

1928年10月14日，未曾见过孩子一面的陈觉英勇就义，

陈觉与赵云霄夫妇的遗书

年仅25岁。陈觉就义之前留下一份遗书,给怀有身孕的妻子,他在信中写道:"……谁无父母,谁无儿女,谁无情人,我们正是为了救助全中国人民的父母和妻儿,所以牺牲了自己的一切。我们虽然是死了,但我们的遗志自有未死的同志来完成。"

赵云霄因怀有身孕,刑期推迟数月。1929年2月的一天,赵云霄在狱中诞下了她与陈觉的孩子,这个失去了父亲并将失去母亲的女婴,被取名为"启明"——这也是陈觉被捕之前与赵云霄共同为这个孩子想好的名字。

1929年3月26日,赵云霄为孩子喂完最后一次奶,在长沙从容赴死,年仅23岁。这位伟大的母亲在临刑前给狱中生下的女儿留下遗书一封,在信中,她写道:"小宝宝,我很明白的告诉你，你的父母是共产党员……你的父母，你是再不能看到，而且也没有像片给你……希望你长大时好好读书，且要知道你的父母是怎样死的……"

这两份催人泪下的遗书，如今依然保存着，尽管纸张已经泛黄，尽管有些破损，但其中那充满革命情感、人间亲情的绝唱，以及共产党人面对死亡的从容，却是一点一滴浓缩在笔墨之间，便是再久远、再漫长的时间，也无法将之黯淡。

34 写有"六项注意"的包袱皮

中国共产党领导下的革命武装与新旧军阀军队之间的最大不同,是有着钢铁一般的纪律。这支红色队伍在建立之初,也曾面临各种各样的问题。在上井冈山之前,毛泽东领导下的秋收起义部队便因为成分复杂,而出现无组织无纪律的现象,抽大烟、赌博、殴打士兵、买东西不给钱的情况屡有发生。

毛泽东深知,这样下去,不仅严重影响部队战斗力,还会导致与人民群众之间的关系恶劣,如果得不到广大百姓的拥护与支持,这支部队断然不能长期生存,更毋庸说发展壮大了。为此,毛泽东要求部队官兵对待人民群众要说话和气、买卖公平、不拉夫、不打人、不骂人。1927年10月,在上井冈山之前,为了防止违反群众纪律的事情发生,毛泽东在荆竹山村正式宣布了"行动听指挥,打土豪筹款子要归公,不拿老百姓一个红薯"这三项纪律。

1928年1月,在工农革命军夺取遂川县城后,根据部队纪律方面出现的新问题,毛泽东又宣布了新的纪律规定。1928年3月经修改,形成了"三大纪律六项注意",并正式颁布,要求红军部队:行动听指挥,打土豪要归公,不拿工人农民一点东西；注意"捆铺草、上门板、买卖公平、言语和气、借东西要还、损坏要赔偿"。为了防止战士们听不明白，还一条一条地给大家解释，并专门编了《红军纪律歌》教广大战士传唱。从那之后，红军战士时刻以这"三大纪律六项注意"对照自己的行为，每到一处，红军战士主动帮老百姓劈柴、挑水，也不乱拿东西，买东西会给钱……老百姓渐渐发现，红军是一支与其他军队不同的队伍，是一支真正属于人民的武装，于是更加支持与拥护。

"三大纪律六项注意"颁布后，不少战士把它记在笔记本上、包袱布上。这块长94厘米、宽85厘米的白布，是井冈山时期红四军一位战士用过的包袱皮。由于长期使用，加之风吹日晒雨淋，布面变成了灰色，还遍布着破洞、补丁与污渍，上面的文字也有些模糊不清了，但依然能够辨认出这

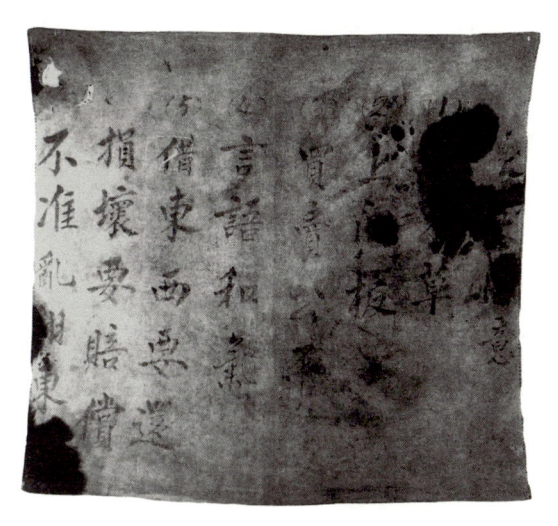

写有"六项注意"的包袱皮

些文字是"六项注意"。人民军队的战士就是这样朴实，走到哪里，也时刻不忘纪律，时刻提醒自己是人民的子弟兵。

后来，在革命战争实践中，"三大纪律六项注意"的内容又得到了进一步充实与修改。到了解放战争时期，中国人民解放军总部重新统一颁布了"三大纪律八项注意"，要求全体指战员：一切行动听指挥、不拿群众一针一线、一切缴获要归公；说话和气、买卖公平、借东西要还、损坏东西要赔、不打人骂人、不损坏庄稼、不调戏妇女、不虐待俘虏。自此，"三大纪律八项注意"成为统一全军的纪律，并沿用至今。

35 《古田会议决议》

1928年4月28日，毛泽东率领的秋收起义部队，与朱德、陈毅领导的湘南起义和南昌起义部分部队在井冈山胜利会师，合编为工农革命军第四军，后又改编为中国工农红军第四军，"朱毛红军"就此诞生。此后，红四军在军长朱德、前敌委员会书记毛泽东的领导下，接连打败敌人，并向赣南、闽西进军，开创了这两处革命根据地，为后来的中央革命根据地奠定了基础。

胜利一个接着一个，革命的队伍不断扩大，可是问题也不断出现。大量农民与小资产阶级出身的同志涌入后，红四军及党组织内出现了一些错误的思想倾向，比如极端民主化、重军事轻政治、不重视建立巩固的根据地、流寇思想和军阀主义严重等。这些非无产阶级思想的滋长，让部队的战斗力出现问题，然而环境险恶又不断面临敌人的"围剿"，根本来不及整训部队，问题日益严重。这种情况下，毛泽东极为担心，他力图纠正这些错误，但他的努力没有得到军内领导层大多数同志的认可，甚至还在创建根据地、实行民主集中等原则问题上与其他同志出现了分歧和争论。

这些问题，被前往上海向中央汇报工作的陈毅如实陈述。周恩来等同志经过讨论后,形成了《中共中央给红四军前委的指示信》,并由陈毅带回,这便是著名的"九月来信"。在这份中央来信中,红四军的成绩得到了肯定,但也提出要求,红四军前委和全体干部战士必须维护朱德、毛泽东的领导,同时明确指出毛泽东"应仍为前委书记"。

《古田会议决议》

在"九月来信"为红军"政治建军"指明了方向后,1929年11月26日,朱德、陈毅率领红四军在福建长汀与正在养病的毛泽东会合,并于福建上杭县古田召开了中国共产党红军第四军第九次代表大会。在这次历史性的会议上,不仅总结了红军创建以来存在的各种错误思想、错误倾向,还统一了思想认识,彻底划清了人民军队同旧军队的界限,做出了纠正党内错误思想的决议。决议不仅进一步确立了党对军队绝对领导的原则,强调了加强政治工作的重要性,还明确指出了"厉行集中指导下的民主生活"的重要性,更为重要的是,确立了人民军队建设的基本原则——必须使党成为军队中的坚强领导和团结核心。

这份《中国共产党红军第四军第九次代表大会决议案》(俗称《古田会议决议》)不仅是古田会议的见证者,更是中国共产党及其领导下的人民军队的伟大建设纲领,并在此后一直作为红色基因沉淀在人民军队的血液中,直至今天依然熠熠生辉。

古田会议会址

关联

协成店《星星之火,可以燎原》写作地

　　位于福建省上杭县古田镇赖坊村的协成店,是一栋二层砖木结构的建筑。1930年1月5日,在古田会议结束后不久,毛泽东在这里针对林彪"红旗到底打得多久"的悲观情绪,给他写下了一封近万字的回信。在信中,毛泽东提出:现今的"星星之火",即将成燎原之势。这标志着毛泽东农村包围城市、武装夺取政权的中国革命道路理论开始形成。

36 毛泽东的《调查工作》

1930年5月,中原大地弥漫着浓浓的火药味,阎锡山的晋系、冯玉祥的西北军、李宗仁的桂系与蒋介石之间爆发了中原大战,一时间,战火纷飞,生灵涂炭。

赣南大地,则是另一番风景。1929年12月的古田会议后,在毛泽东、朱德的率领下,红四军回师赣南,发动群众,深入开展土地革命运动,并建立起了革命根据地。赣南人民总算迎来了相对安宁的生活。

此时的毛泽东没有丝毫的松懈,为了认清中国农村和小城市的经济状况,为今后开展土地革命、巩固农村革命根据地提供参考,毛泽东决定运用马克思主义的阶级分析方法,做一次农村经济调查。此时,红军正驻扎在江西赣州市寻乌县,毛泽东认为,寻乌这个县,处于闽粤赣三省的交界,三省交界各县的情况大概相差不远,通过对寻乌的调查,即可对赣南、闽西的基本情况有大致了解。于是毛泽东在中共寻乌县委书记古柏的协助下,通过开座谈会等方式,展开社会调查。内容涉及地理位置、水陆交通、土特产品、商业往来、商品种类、货物流向、税收制度、人口成分、土地关系、阶级状况、剥削方式、土地斗争等多个方面,其中着重于寻乌的商业情况、寻乌旧有的土地关系,此外还详细地调查了小地主的情形。

在进行寻乌调查的同时,毛泽东写出了《调查工作》,在文章一开头,毛泽东就直接提出"没有调查,没有发言权"。同时写道:"你对于某个问题没有调查,就停止你对于某个问题的发言权。"他还认为:"调查就像'十月怀胎',解决问题就像'一朝分娩'。调查就是解决问题。"

紧接着,在这篇《调查工作》中,毛泽东阐述了共产党人应该对马克思主义采取的态度,提出"我们说马克思是对的,决不是因为马克思这个人是什么'先哲',而是因为他的理论",并表示"我们的斗争需要马克思主义"。最终得到一个对于中国革命而言极为重要的结论:"马克思主义的'本本'是要学习的,但是必须同我国的实际情况相结合。我们需要'本本',但是一定要纠正脱离实际情况的本本主义。"至于如何才能纠正这种本本主义?毛泽东认为,最根本的办法就是,"向实际情况作调查"。

这篇《调查工作》写成之后,曾在红四军和根据地内广泛流传,但此后,因为敌人的多次"围剿"而丢失,直到1957年2月,福建省上杭县茶山公社官山大队农民赖茂基将这本自己珍藏多年的《调查工作》捐献出来,这篇重要的历史文献才失而复得。后在收入《毛泽东著作选读》时,改名为《反对本本主义》。如今,这本《调查工作》珍藏在博物馆内,它是马克思主义中国化开始形成的重要标志,也是毛泽东一切从实际出发、反对教条主义这一思想路线的体现,故而有着极为重要的历史意义。

《调查工作》

关联

寻乌调查旧址

　　江西省赣州市寻乌县马蹄岗上，有一栋建筑，它始建于1917年，原为耶稣教美国牧师雪莱·鲍斯费尔德的住房。1930年5月，红军攻占寻乌县城后，毛泽东便居住于此，这里也是他开展寻乌调查、写下《调查工作》这篇光辉著作之地。他首次提出了"没有调查，没有发言权"的科学论断，从此，这里成为"实事求是"精神的源头之一。

37 中国红军独立第一师师部印

1959年，新中国成立十周年之时，一部名为《洪湖赤卫队》的献礼歌剧在北京引起巨大轰动。这部由湖北省实验歌剧团排演的歌剧，讲述了土地革命时期，洪湖赤卫队这支地方革命武装利用湖区与敌人展开艰苦斗争、保卫湘鄂西革命根据地的故事。

洪湖儿女的光荣革命史，早在中国共产党建立之初，就已经开始了。那时候，一些早期党员活跃在洪湖地区，宣扬马克思主义，为洪湖地方党组织的建立奠定下坚实基础。到了大革命时期，洪湖地区的工农运动更是蓬勃发展，在与土豪劣绅进行斗争的过程中，洪湖地区各级党组织领导下的农民协会纷纷成立了农民自卫队，为劳苦大众反抗压迫提供了有力支撑。

大革命失败后，中国共产党人立即着手在群众斗争基础较好的洪湖地区建立赤卫队，与敌人做坚决斗争，这些赤卫队便是赫赫有名的"洪湖赤卫队"的前身。

在初期，这些赤卫队活跃在洪湖沿岸和水上，与敌人做斗争。到了1929年，中共鄂西特委决定将各地的赤卫队合编为鄂西游击大队。从那之后的6个月里，这支游击武装在周逸群、段德昌等人领导下，展开积极作战，利用河湖港汊、芦苇蒿排作为掩护，狠狠打击敌人。当年8月，大大小小的游击队会师洪湖三屋墩，正式组成洪湖游击总队，开始了新的斗争。

在成功取得了反"围剿"的胜利，江陵、石首、监利、沔阳、华容等部分地区成为苏区的有利时机下，鄂西特委遵照党中央的指示，将洪湖游击总队升编为"中国红军独立第一师"，下辖3个纵队。

这块珍藏在博物馆的大印，便是那段波澜壮阔的革命史的见证。它为木质方形，印面阳刻"中国红军独立第一师师部印"12个篆文。在那个风起云涌的战斗年代里，这个木印在一份份文件、布告上盖上印章，成为向红军指战员发布命令、向广大群众进行宣传、向敌人发起进攻的力量象征。

中国红军独立第一师师部印的使用时间不太久。1930年2月5日，中国红军独立一师的第一、第二纵队在监利汪家桥胜利会师，而后根据中央指示，升编为中国工农红军第六军。短短5个月之后，这支洪湖历史上率先以"红军"命名的革命武装，便与贺龙领导下的红四军在湖北公安县会师，组成了红二军团。

从赤卫队到游击大队，再到游击总队，继而发展为中国红军独立第一师、中国工农红军第六军，这一系列的番号变化，标志着中国共产党领导下的武装力量，由小到大、由分散到集中、由游击队到正规部队、从游击队向运动转变的过程，这是中国革命运动发展的必然结果。

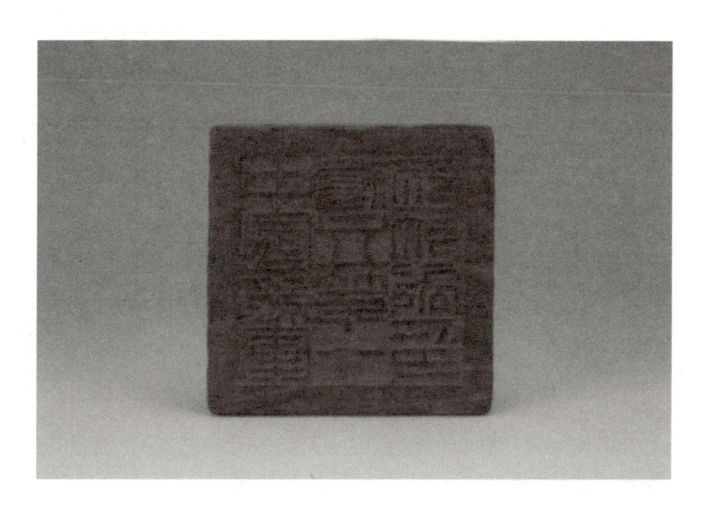

中国红军独立第一师师部印

38　中国工农红军第一台收报机

战争，离不开通讯，中国古代便用"击鼓、鸣金"来指挥军队作战，此外还有号角、令旗等手段。到了后来，人类又驯化了鸽子，通过飞鸽传书，配合信骑、烽火、狼烟等方式进行远距离通讯。不过这些原始的方法不仅效率低下，还不能保密，直到无线电技术发明以后，人类才真正有了一种可靠的即时远距离通讯方式。

早在1861年爆发的美国南北战争中，无线电就被交战双方广泛使用，而近代中国由于科学技术落后，无线电通讯起步较晚，也根本没有能力制造无线电台。中国共产党人很早就认识到了无线电的重要作用，但四一二反革命政变后，面对国民党反动派的屠杀，共产党人的武装力量尚在初创阶段，根本没有可能拥有无线电台，只能通过交通员、军号、有线电话等方式传送命令、报告敌情，不仅不安全，而且时常贻误战机。所以，建立属于中国共产党自己的红色无线通讯网，也就十分重要，尤其是工农红军对于无线电的需求更为紧迫。

1930年10月，国民党集结10多万大军，向中央革命根据地发动第一次大规模"围剿"，企图一举消灭"朱毛红军"。根据战场态势,红军果断做出部署,消灭敌第十八师。龙冈一战,敌人悉数被歼,师长张辉瓒也成了俘虏。对于红军来说,此役的最大收获,是缴获了一部15瓦功率的无线电台。尽管红军战士不知其用途,导致发报机损坏,仅剩下了收报机部分,但它依旧意义重大。

这只长40厘米、宽27厘米、高31厘米的木盒子,便是当年留下的收报机。别看它只能收报、无法发报,但它是人民军队建立无线通讯网络的开端。依靠龙冈大捷中缴获的这半部电台,还有被俘后参加红军的国民党无线电人员,红军搭建起了属于自己的无线电网络,为后来取得一次次战斗的胜利,提供了可靠的通讯保障。

中国工农红军第一台收报机

今天，人民军队的通讯手段已经多样化，卫星、光纤等先进技术层出不穷，此时此刻，关于这半部电台的故事更值得被记住，因为它是我军无线电通讯事业从无到有的第一步。

39 贺页朵的入党誓词

一块已经褪色的红色织布珍藏在博物馆中。布面上方写有中国共产党的英文缩写"C.C.P",布面中间写着入党誓词:"牺牲个人,言首纵蜜(严守秘密),阶级斗争,努力革命,伏(服)从党其(纪),永不叛党。"这24个墨字,从右到左排列,虽然其中有6个错别字,但真实地反映了一位普通农民,对党的真挚情感和加入组织的坚定决心。

这位普通农民名叫贺页朵。1927年,毛泽东带着队伍来到了井冈山。家住江西省永新县北田村的贺页朵义无反顾地投入轰轰烈烈的革命潮流中,这一年,他已经41岁了。

在组织的安排下,贺页朵以榨油工作为掩护,从事秘密交通工作,他将自家的榨油坊作为联络点,建立地下秘密交通站,为红军传递情报。1931年1月25日,是贺页朵终生难忘的一天,这天晚上,就在榨油坊内,他加入了中国共产党。贺页朵怀着对党无比忠诚、对革命充满信心的激动心情,郑重其事地在一块准备好的红布上,一笔一画地写下入党誓词。

也许是因为当时的满腔热血需要更多的方式来表达,又或者他想要更强烈地表达党在自己心中的意义,在桐油灯微

贺页朵的入党誓词

弱昏暗的光线下，这位朴实的农民还在红布的左右下角各画上了一个五角星，五角星中心是由镰刀锤头组成的党徽，五个角内分别写有"中国共产党"五个字。

在那个白色恐怖笼罩的年代里，在国民党反动派大肆捕杀中国共产党人与革命群众时，加入中国共产党是极其冒险的行为。面对反动派的屠刀，一些意志不坚定的人选择了离开，甚至有些嘴脸丑陋的叛徒还走上了出卖同志、为自己谋求富贵的道路。可也就是在这样的情况下，这位出身贫困的农民丝毫不惧，不仅坚定地投身革命，甚至在这块写有入党宣誓书的红布上勇敢地写下了自己的姓名和地址——"中国共产党员贺页朵，地点北田村"，同时写下的还有自己的入党时间"一九三一年一月二十五号"。

1934年，因为在战斗中身负重伤，贺页朵未能参加长征，他留在了家乡永新，坚持斗争。后来国民党反动派对江西境内的党组织不断实施清剿，加上其他种种原因，贺页朵与党组织失去了联系。但贺页朵从未忘记自己是一名党员，他冒着生命危险，将这份入党誓词藏在榨油坊的屋檐下，并时常偷偷取出来默默念诵，告诉自己牢记入党誓言，不忘入党初心。

17年后的1951年，中央赴南方老革命根据地慰问团来到永新，65岁的贺页朵将这块已经褪色的红布交给了慰问团。这件珍贵的文物竟是中国共产党历史上现存最早的一份入党誓词。它浓缩了一位普通共产党人对党的忠贞不渝、对革命的坚定信念，以及不忘初心的本色。

40 绒线背心——龙华烈士遗物

位于江南一角的龙华,是上海有名的风景区,每至春天,十里桃花,芬芳绽放,古寺宝刹掩于其中,更是平添了几分禅意。然而,这处风景如画的锦绣之地,在历史上,曾是国民党反动派屠杀共产党人的刑场所在。

今天的徐汇区龙华路2577号,在晚清洋务运动时,曾是江南枪炮局的厂房所在,后又成为北洋军阀的淞沪商埠督办公署。1927年,北伐军攻占龙华镇后,这里成为上海警备司令部,次年,又组建了淞沪警备司令部。四一二反革命政变后,这里是国民党反动派镇压上海革命运动的主要据点,大批的共产党人被捕后,都被关押于此,并在附近的刑场牺牲就义。无数共产党人的鲜血浸透了这片土地,其中也包括"龙华二十四烈士"。

历史回到1931年1月,中国共产党六届四中全会在上海召开。为了抵制王明的错误领导,中华全国总工会执行委员会常委兼秘书长、全国苏维埃中央准备委员会秘书长林育南,中共中央宣传部干部李求实,中共江苏省委委员何孟雄等人秘密聚会,讨论研究纠正错误的方法,参会代表分别入住汉口路东方旅社、天津路中山旅社。

1月17日，由于叛徒出卖，东方旅社、中山旅社分别被上海公共租界巡捕房与国民党军警包围，林育南、李求实、何孟雄等人被捕。此后在国民党反动派的大搜捕中，又有30余名中国共产党人被抓捕，他们被押往龙华淞沪警备司令部关押，并饱受酷刑。

2月7日，包括林育南、李求实、何孟雄及左翼革命作家胡也频、柔石、殷夫、冯铿等在内的24人，被国民党反动派集中枪杀。这些烈士的遗体被敌人草草埋葬于附近的大坑中。

上海解放后，经有关部门反复调查，终于找到了"龙华二十四烈士"的就义地，通过挖掘，找到了烈士们的遗骨及遗物。其中一件绒线背心上有7处弹孔，血迹斑驳。泥土的掩埋，黯淡了它的色彩，却抹不去它的历史记忆，如今，它静静陈列在展柜内，默默无声地向参观者诉说着，诉说着那场残酷的屠杀，诉说着共产党人的铁骨铮铮。

绒线背心

第二章 "工农武装割据"的形成

41 红军"列宁号"飞机

1930年的春天，河南省罗山县宣化店陈家河（今属湖北省大悟县）。云雾间传来阵阵轰鸣声，这里是鄂豫皖苏区与白区的交界处，难道是敌人的飞机前来轰炸？当地红军及赤卫队立即警觉了起来。

一架飞机穿破云雾，晃晃悠悠而下，最后竟降落在河滩之上，着实让人吃了一惊。赤卫队员们立即冲过去，包围了这架飞机，并俘获了飞行员龙文光。据其交代，当日，他奉命驾驶这架美国钱斯·沃特公司生产的O2U-1D"海盗"（音译"柯塞"）式单发活塞式双翼观察机，从汉口飞往河南开封执行紧急空投通信任务。由于返航途中遇到大雾，迷航的飞机最终油料耗尽，只能迫降。

红三十一师副师长徐向前命令将飞机拆解后送到卡房居畈林湾（今属新县）隐藏。徐向前，黄埔军校第一期毕业生，中国共产党杰出的军事指挥家，当时也是鄂豫边特委委员，鄂豫边革命委员会军事委员会主席。在这位老学长兼"共产党大官"的耐心教育下，黄埔第三期的龙文光幡然醒悟，毅然加入了红军。

1931年2月，新集（今新县县城）解放，成为鄂豫皖苏维埃政府所在地。鄂豫皖特委和军委决定重新组装飞机,并由龙文光任飞行员。

在龙文光等人的共同努力下,飞机顺利修配组装完成。红军给这架飞机换上了银灰色的新涂装,在机翼下方各绘了一颗红五星;还根据鄂豫皖苏维埃政府的命名,在机身侧面写上了"列宁"二字。从此之后,"一穷二白"的红军,也有了属于自己的飞机——"列宁号"。

与此同时,红军在黄安(今红安)与麻城交界的紫云区和皖西的金家寨,各修建了一座机场,以方便飞机起降。

此后,红军正式成立鄂豫皖军委航空局,以龙文光为局长。这之后,这架"列宁号"开始连续出击,它不仅承担航空侦察任务,还在固始、黄安等多次战斗中,对敌人实施过轰炸。

1932年6月,国民党对鄂豫皖苏区发起了第四次"围剿",敌人数十万大军步步"围剿",红军处境艰难。在这种情况下,徐向前决定:就地埋藏"列宁号"飞机。于是,红军在撤离鄂豫皖根据地之前,忍痛将这架"列宁号"飞机拆卸,并分散掩埋在大别山深处一条偏僻山沟里,这一埋,便是近20年。

1951年,时任湖北军区司令员的王树声率中央人民政府南方老根据地访问团来到大别山,慰问当地老乡,当地群众才将埋藏多年的"列宁号"飞机挖了出来。然而由于年代久远,飞机的许多部件已经散失,只留下一张照片与飞机蒙皮。而那位投身革命的飞行员龙文光，也在战斗突围中与大部队失散，不得不返回汉口家中，不幸被敌人发现，被捕入狱，于1933年8月在汉口英勇就义。

如今，陈列在博物馆内的是一架按照1∶1比例复制的"列宁号"，人们用这种方式，缅怀人民军队历史上第一架属于自己的飞机，以及驾驶它驰骋蓝天的革命先烈。

42 路易·艾黎拍摄的洪湖红军抗洪照片

1931年夏天,路易·艾黎,一位外国人,来到了中国湖北,他来自南半球的新西兰,已经在中国工作生活数年。这次湖北之行,路易·艾黎是受国际联盟救济组织的委托,从事赈灾工作。

就在上年夏天,百年不遇的大洪水席卷了荆楚大地,沿江两岸一片汪洋,就连武汉三镇也陷入洪水之中。一时间人畜漂流,房屋倒塌,死者无数。根据当时的数据统计,武汉被淹时间长达133天,受灾人口78万余人,22万人无家可归——真实的数字可能远远不止这些。而在武汉之外的其他城市、乡村,饿死、病死的灾民更是不计其数。

与天灾相伴的,还有人祸。就在大洪水来临之时,国民党反动派竟趁机派出两个师的兵力,向洪湖苏区发动进攻。

洪湖苏区是湘鄂西根据地的中心,包括江陵、石首、监利、沔阳、潜江、华容、南县、公安等长江两岸广大地区。趁着洪灾泛滥,国民党反动派居然扒开大堤,水淹苏区,洪湖地区顿成泽国,百万亩良田被淹。如此灾情之下,中国共产党人一边组织力量抗洪救灾,抢修堤坝、转移灾民,一边还要坚决地抗击敌人的进攻,保卫苏区。

在湖北赈灾时，路易·艾黎得知了洪湖发生的事情，他不顾国民党当局阻挠，坚持前往洪湖。他要亲眼看看那边的状况。

在洪湖，路易·艾黎看到了与武汉、与其他国民党统治区不同的景象——当国民党的腐败官僚将救灾当成大发横财的机会时，洪湖苏区的共产党人与民众一起抬土修堤；在国民党坐看灾民饿殍遍地时，共产党人有一口粮食，也要留给灾民。所有人团结在一起，万众一心，与洪灾做斗争。路易·艾黎深深地被那些朴实的红军战士与共产党员折服，他按下快门，拍下了照片，并写下了《有办法》《同洪水搏斗的人们》等文章，向世界宣扬洪湖苏区人民抗洪救灾的事迹。

这次湖北之行后，路易·艾黎开始接触和了解中国共产党，也开始将自己的命运紧紧地与中国人民的解放和建设事业联系在一起。新中国成立后，这位新西兰友人多次回到洪湖，亲眼看到了这片土地所发生的巨大改变，并撰写了长篇巨著《洪湖精神》，他这样总结道："中国人民有一种精神，有一种从长征、延安、洪湖、抗战的革命斗争中产生出来的精神，中国人民充满这种高尚的精神，用这种精神建设自己的祖国，这种精神力量推动了一切。"

第三章

土地革命与局部抗战

43 中华苏维埃中央执委印章、中华苏维埃中革军委印章

自1927年南昌起义打响武装反抗国民党反动派的第一枪后,毛泽东又领导了秋收起义,中国共产党人开始领导革命战争,并创建自己的军队。此后,红色队伍不断发展壮大,1930年11月至1931年9月,在毛泽东、朱德领导下,红一方面军连续打破国民党军第一、第二、第三次大规模"围剿",并将赣南、闽西苏区连成一片,范围扩展到近30个县境,拥有15座县城和250万余人口,成为全国最大的苏维埃区域。在这种情况下,中共中央决定以赣南闽西根据地为依托,成立苏维埃中央政府。

1931年11月7日至20日,来自全国各根据地、各红军部队,以及全国总工会、全国海员总工会的610名代表汇集江西瑞金叶坪村,召开了中华苏维埃第一次全国代表大会,宣告中华苏维埃共和国临时中央政府正式成立,并选举产生了中华苏维埃共和国中央执行委员会。大会及大会闭幕后的中央执行委员会第一次全体会议,讨论通过了一系列法律法令、政策条例,选举产生了中华苏维埃共和国临时中央政府主席、人民委员会等机构,并规定中央革命军事委员会为全国红军的最高领导和指挥机关。

中华苏维埃中央执委印章　　　　中华苏维埃中革军委印章

　　这两枚印章，便是这次大会后的产物。其中"中华苏维埃共和国中央执行委员会"专用之印为木柄银印，印面图案为扎把麦、稻穗环绕着地球，地球上嵌着镰刀、锤头，上方还有一颗五角星；阳文隶书繁体刻字的"中华苏维埃共和国"和"中央执行委员会"上下弧形排列，并以五角星间隔。中华苏维埃共和国临时中央政府的其他印章，基本以此印章图案为基准，而"中华苏维埃共和国中央执行委员会人民委员会革命军事委员会"印便是其中之一。

　　这两枚印章不仅是红色政权的象征，也是红色力量的体现。在那个战火纷飞的红色年代，中央苏维埃政权及中央红军走到哪里，哪里便会出现盖有这两枚印章的命令与公告。正是伴随着那一份份命令与公告，中共中央与中革军委又取得了第四次反"围剿"胜利，并在第五次反"围剿"失败后展开两万五千里长征，血战湘江、遵义会议、四渡赤水、飞夺泸定桥，爬雪山、过草地，最终抵达陕北。而这两枚印章，也随着长征队伍一同抵达陕北，并在革命胜利后，作为中国共产党人领导工农武装、开辟根据地、建立革命政权的象征，被永久保留在博物馆。

关联

瑞金革命遗址

瑞金，曾经的赤色首都，红色政权的中心，也是共和国的摇篮。1931年，毛泽东与朱德率领红军粉碎敌人的"围剿"后，便在这片土地上建立了根据地，并逐渐发展扩大。此后，中共临时中央从上海迁来，到1934年红军长征离开之前，瑞金始终是中华苏维埃共和国临时中央政府、中华苏维埃中央革命军事委员会等红色党政军机关的驻地所在。至今依然保存有总办公厅旧址、中华全国总工会旧址、列宁小学旧址等诸多建筑旧址，以及毛泽东、张闻天、谢觉哉、邓小平等同志故居。

44 高兴区苏维埃政府工农检察部控告箱

伟大的中国共产党，自创立以来，一路坎坷，无数中国共产党人披荆斩棘，带领这个民族、这个国家，走向新生。在这走来的一个世纪里，严明纪律、防止党员腐化，始终被中国共产党作为党的建设与发展的根本。1930年代，中央苏区创建政权后，中国共产党人更加重视反腐倡廉建设，并制定了一系列的政策和举措，用以防止腐败。

这只小木箱，看起来与家用报箱相差无几，但它见证了中国共产党人反腐肃贪、清洁自我的决心。它诞生于1931年，这一年，中华苏维埃共和国临时中央政府在江西瑞金正式成立。尽管在敌人的"围剿"之中，初生的革命政权还很弱小，但这个红色的人民政府创建伊始，便成立了工农检察部控告局，这个部门直属于工农检察人民委员部。与此同时，各级工农检察部或科之下都相继设立控告局；控告局日常的工作，是接受工农劳苦群众对苏维埃机关的控告；在人群集中的地方，控告局设立控告箱，以便工农群众投递控告书。同时中央还规定："苏维埃的政府机关和经济机关，有违反苏维埃政纲政策及目前任务，离开工农利益，发生贪污浪费、官僚腐化，或消极怠工的现象，苏维埃公民无论何人

高兴区苏维埃政府工农检察部控告箱

都有权向控告局控告。"

这只16×18×18.5立方厘米的小木箱,当年挂在江西兴国县高兴区苏维埃政府,它的正面用毛笔工工整整地书写着"控告箱"三个大字,控告箱的右面、左面、上面则写满了小字。其中左边的几行文字是举报原则:"控告人向控告局投递的控告书,必须署本人的真姓名,而且要写明控告人住址,同时要将被告人的事实叙述清楚,无名的控告书一概不处理。倘发现挟嫌造谣控告事,一经查出,即递交法庭受苏维埃法律的严厉制裁。"位于木箱上面的文字则是举报办

第三章 土地革命与局部抗战

法:"各位工农群众们,还(凡)是一切的什么事情都可以来这里控告,所写的控告意见书必须盖好私章才能作效力,没有盖章的概作废纸,而且还要用信套密封好,并且要注明送某机关工农检察部控告局长接收。"

这只控告箱一挂就是三年,直到1934年中央红军离开苏区,方才被当地百姓取下并保存起来。透过这只历经岁月磨蚀的小小木箱,人们不由得思考,若非深得民心,若非百姓真心拥护党的这一民主监督机制,那些朴实的苏区百姓又怎会在国民党的白色恐怖下,冒着巨大的风险,将它保存下来。

45 红色税收员的手枪和红色布币

新县，隶属于河南省信阳市。90多年前，这里还叫新集镇，隶属于光山县。

1931年4月，鄂豫皖苏区的党政机关陆续搬迁至此，其中有个机构，毫不起眼，它的名称叫作"鄂豫皖苏维埃政府税务总局"，隶属于财经委员会。自古以来，交粮纳税，天经地义，根据地的老百姓也没有将这个税务总局太当回事。可是渐渐地，他们发现情况变了，原来名目繁多的税赋被取消了，缴税的额度也降低了许多，这可是前所未有的大事。

老百姓们不知道，从1929年开始，鄂豫皖苏维埃政权就专门提出了"取消一切军阀的苛捐税收，实行统一的累进税"。这个制度简单来说，就是收有钱人的税，对贫苦穷人则实行免税。中国共产党的这一税收政策，不仅能够为红色政权提供持续的财政收入，还获得了广大老百姓的拥护。

鄂豫皖苏维埃政府税务总局分为两大部分：一个是内设机构，另一个是派出机构。农业累进税管理科、商业累进税管理科、政策规则管理科、秘书科和便衣队为内设机构，而派出机构则由负责根据地内部征税的税务分局、负责红白交界进口和出口的海关分局组成。所有税务工作者，不仅要政

红色布币

治可靠、思想觉悟高,还得有文化、能吃苦。

在那个年代里,干税务工作,可不容易。红色政权的税收虽然得到广大穷苦百姓的支持,但地主豪绅们却竭力反对,加之国民党部队还不断袭扰,所以面对反动势力随时可能形成的威胁,税务工作者们不仅需要在长途跋涉中风餐露宿,还得随身携带武器,以防备敌人。手枪便是当时鄂豫皖苏维埃政府税务总局工作人员常随身携带的武器。

依托着较为完善的税收制度,以及红色税务人员的辛勤工作,鄂豫皖苏区的财政实力不断得到增强。与此同时,苏区也开始建立自己的银行,发行苏区货币,这布币便是当时鄂豫皖苏区所发行的货币。正是这一系列的努力,使得苏区打破了敌人的封锁,经济发展也取得了很显著的提升,进一步为苏区和红军的发展壮大奠定了牢固的物质基础。

46 红军公田碑

安徽省六安市金寨县，位于大别山腹地，这个皖西小城，是著名的革命老区，有着"红军的摇篮、将军的故乡"的美誉。在那个风云激荡的红色革命时代，数以万计的金寨儿女参加了红军，他们中的许多人为了新中国的诞生而献出了宝贵生命。1983年，当地政府修建了革命博物馆，纪念这段无比辉煌的历史。在诸多珍贵的革命文物中，有一块石碑，高1.07米、宽0.55米，质地就是普通岩石，看上去简陋粗糙，它却亲历了红色革命时代，并且忠实地记录着一段爱国拥军故事。

自封建社会起，农民的问题，便是一个根本性问题，而这个问题的根本，其实就是土地问题。中国共产党建立苏维埃政权后，开展了轰轰烈烈的土地革命，数千年来腐朽的封建土地制度被砸得稀烂。分田分地，广大贫苦农民成了土地的主人，享受到土地革命的成果，也激发了保卫革命果实的热情。1931年，鄂豫皖苏区党组织提出"每乡留一石或五石为红军公田，分给红军中由白区来的贫苦农民和俘虏哗变加入红军的士兵"。苏区《土地法令》还规定，红军、游击队员、不能生产的苏维埃工作人员及其家属也应分得田地，其家属无力耕种时,苏维埃政府可以发动群众代耕。

红军公田制一经推出,便在瓦解敌军、扩大红军队伍等方面,发挥了很好的效应。许多农民自愿跟着红军走,大批贫苦农民积极加入红军,牺牲了的红军战士家属,生活也得到了保障。而那些朴实、感恩的贫苦农民,也主动将好田留给红军,作为红军公田,并积极竖起石碑、木牌,作为标志。老百姓积极为红军公田代耕代种,以帮助解决烈属军属的生活困难。

这块石碑是1972年在金寨县斑竹园镇小河村桥口发现的,碑文显示为"五区三乡第三村"所立。石碑见证了苏区人民对中国共产党和工农红军的热爱与拥护。1932年,红军转战离开金寨后,这片英雄的土地沦入国民党反动派手中,可苏区人民热爱中国共产党、拥护革命军队的情谊却如同这块石碑一般难以被摧垮。短短17年后,当年的红军又回来了,他们高举着"中国人民解放军"的旗帜,彻底解放了这片土地,与金寨百姓一起,谱写新的"军民鱼水情"。

红军公田碑

47 红军军用号谱

从土地革命战争时期，到艰苦卓绝的抗战岁月，从波澜壮阔的解放战争，到打败野心狼的抗美援朝，每每战斗到了最关键的时刻，伴随着高亢嘹亮的冲锋号声，人民军队便会发起一往无前的勇敢冲锋，给予敌人最为凶猛、凌厉的打击。这让敌人闻之胆寒的胜利之声，从何而来？一本毛边纸黑油墨印的小册子也许能够给出回答。

这本号谱不过40页，却是目前国内保存最完整的《中国工农红军军用号谱》。它印制于1932年，正是中国共产党领导下的工农武装力量发展壮大，并逐步正规化的时期。这本小册子便是那段历史的见证——它的封面上印有军号、鼓槌、红旗、五角星、齿轮以及两杆交叉的枪等图案，此外还有"中国工农红军""军用号谱""中华苏维埃中央军事政治学校印"三行文字；翻开书页，里面的曲谱内容囊括了工农红军从生活训练到行军作战方方面面一系列指令。可以说，这本小册子写满了红军机密。

册子的主人名叫罗广茂，他的故乡是福建长汀县，后定居宁化县泉上镇马祖庙。1930年，红军来到闽西时，年仅15岁的他毅然告别父母，走上了革命的道路。由于声音洪亮、说话中气十足，罗广茂被部队首长选为司号员，前往中央军事政治学校司号大队学习。在学习期间，罗广茂了解到了军号的重要性，它不仅是部队通讯联系的重要工具，可以传递简短命令、进行敌我识别，还有着提振军心、威慑敌人的作用。而结业时下发的号谱，则绝对不能让敌人得到，是需要每一名司号员用生命保护的"声音情报"。从司号大队学成归来后，罗广茂正式成为一名司号兵，从那天起，他始终将这本军用号谱随身携带，视作自己的生命。

1934年，在一次作战中，罗广茂不幸中弹，身受重伤的他不得不离开部队养伤。可是，谁也未曾料到，随着第五次反"围剿"失利，红军被迫离开中央革命根据地，开始长征。罗广茂与部队失去了联系，不得不藏匿起来，以躲避敌人的搜捕。可这本写满了红军机密的号谱该怎么办？罗广茂思来想去，决定冒险回家，将号谱交给母亲妥善保藏。

这一藏，便是整整40年。直至1974年，家中拆建谷仓，这本用油纸布紧紧包裹的号谱才被发现。

2019年8月1日，经中央军委批准，中国人民解放军开始施行新的司号制度，久违的号声再一次在军营内吹响，激励着人民军队传承红色基因，在新时代强军目标的道路上，奋勇前行。

红军军用号谱

第三章　土地革命与局部抗战

48 徐向前使用过的望远镜

这副30厘米长、6厘米宽的双筒军用望远镜,为德国蔡司制造,镜体为黄铜制成,表面饰有皮革,很是精美。它从战争年代走来,如今静静收藏在博物馆内,沉默无声。它的主人名叫徐向前。

时间拨回到1932年,这一年3月,国民党纠集重兵进入皖西,集结于苏家埠、麻埠等地,向鄂豫皖苏区发起进攻。为了打破敌人的"围剿",3月22日,徐向前等率领红四方面军展开苏家埠战役,对敌人展开分割包围,国民党当局急令皖西"剿共"总指挥厉式鼎率2万兵力前来增援,徐向前遂指挥红四方面军以主力实施"围点打援",一举将敌人全部歼灭,是为苏家埠大捷。此战,红军历时48天,以2万兵力,歼敌3万余人,俘敌总指挥厉式鼎、5个旅长、12个团长及营以下官兵1.8万余人,缴获枪支1万多条、火炮43门,此外还有电台多部,甚至还击落敌人飞机1架。这副望远镜,便是战利品之一。

德国蔡司的望远镜品质较高,而且这副望远镜还可以用右目镜中的密位分划进行简单的距离测量,故而被徐向前保留了下来,并一直带在身边使用。

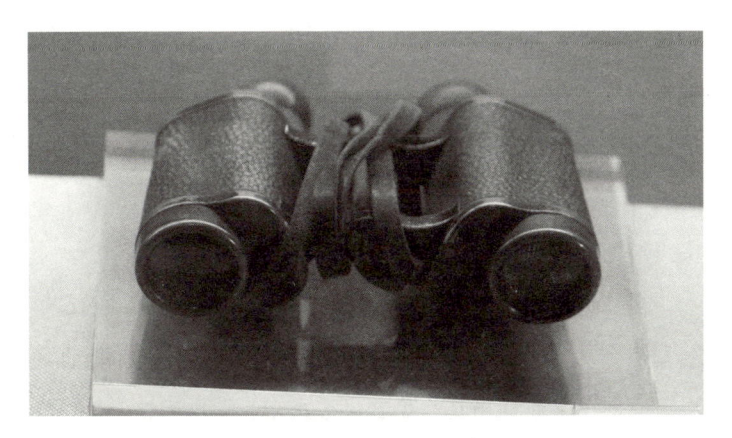

徐向前使用过的望远镜

苏家埠战役后不久，敌人又发动了第四次"围剿"，由于未能打破敌人进攻，徐向前不得不率领红四方面军撤离鄂豫皖苏区，转战陕南，开辟川陕根据地。1935年，为了配合中央红军的长征，徐向前率领红四方面军发动了陕南战役，紧接着又取得了强渡嘉陵江的胜利，有力地策应了中央红军北进入川的战略。此后，红四方面军执行中央北上抗日的命令，离开根据地，踏上了艰苦曲折的长征之路。同年6月12日，红四方面军先头部队与红一方面军先遣队在四川达维会师，此后按照中央政治局两河口会议的决定，两支红军部队分路北上。

7月6日，徐向前率领部队从理县出发，沿黑水河北岸行进，数日之后，部队抵达芦花，此时彭德怀率领的红三军团得知红四方面军主力正向维谷开进，当即亲率一个团来接应。由于维谷渡口的索桥遭敌人破坏，两支红军部队只能隔

第三章 土地革命与局部抗战 149

河相望。河水甚急，水声很大，双方说话都听不大清楚，这时候，徐向前从望远镜里看到对岸有个身材粗壮、头戴斗笠的人，走路不慌不忙，估计是彭德怀，于是就写了张"彭军团长：我是徐向前，感谢你们前来迎接！"的字条，绑上石头扔过河去。两岸的红军战士接上头，都很高兴。

第二天，徐向前赶到亦念附近，找到一条绳索，坐在竹筐里滑过河去，两名红军战将第一次见到了彼此。数日之后，徐向前又赶到芦花，见到了毛泽东、周恩来、朱德、张闻天等中央领导。两支红军部队的会师使中国工农红军的力量大大增强。

49 "英雄对空射击手" 王文礼的奖章

在人民军队的发展史上,有这么一段有趣的故事。

1932年7月的一天,国民党派出3架飞机对中央革命根据地的中心进行轰炸。就在敌机俯冲扫射、投弹轰炸时,地面上的红军纷纷举起手中的枪,对着这些猖獗的空中强盗开火。要想打下一架飞机,那得多难。飞机的速度很快,而子弹飞出去后,在空中飞行时,受到地球引力的作用,加之风速、风向等因素的影响,几乎很难命中目标。而且一架飞机那么结实,挨上一枚子弹也不会有多大问题。于是敌人的飞行员自然肆无忌惮,他们不断驾驶飞机盘旋、俯冲,似乎不在意红军向他们射击。

就在敌人洋洋得意的时候,又是一发子弹从地面飞来,准确地击中了一架俯冲扫射的敌机。轰的一声,这架飞机的油箱发生了爆炸,带着浓烟摔落在地面上。剩下的两架敌机吓得连忙逃离。

击落飞机的红军战士名为王文礼,他是陕西省长安县细柳乡杨柳村人。1931年1月,时为国民党第二十六路军第七十三旅警卫排长的他,随着董振堂旅长一起参加了宁都起义,从此加入了红军。几个月后,王文礼进入江西瑞金工农

王文礼的奖章

红军学校,在第三期步兵科学习,由于各门功课都很出色,政治水平和军事技术都很过硬的王文礼被批准加入中国共产党,并留校任教官。

敌人飞机来轰炸的这天,王文礼正率领第五期学员进行演习。作为一名有经验的老兵,王文礼知道,胡乱开枪打不到敌人的飞机,所以他一直在认真瞄准,甚至敌人飞机俯冲下来准备扫射时,他也未曾躲避,而是果断瞄准、击发。正是这一枪,准确击中了敌机油箱。

王文礼用步枪打下敌人飞机的事情,一下子就传开了。就连校长兼政委刘伯承也被惊动了,为了表彰他的英勇行为,工农红军学校召开表彰大会,刘伯承亲自授予王文礼"英雄对空射击手"的光荣称号。

这枚五角星奖章，便是当年王文礼获得的勋章。其为银质，一面有"对空射击手"字样，另一面则是"红军学校奖"字样，中心是步枪与飞机组成的图案，由此表彰王文礼用步枪击落国民党飞机的英雄事迹。

50 红星奖章

1927年8月1日,中国共产党人在江西南昌打响了武装反抗国民党反动统治的第一枪,这次起义宣告了中国共产党将革命进行到底的坚定决心,也是创建人民军队的起始。这一天,始终被广大共产党人所铭记。但在那段异常困苦的岁月,在敌人的疯狂"围剿"下艰难转战的红军指战员,很难举行活动,纪念这个特殊的日子。

1933年,中共临时中央由上海迁至瑞金,加之中央红军打破国民党军第四次"围剿",中央苏区与闽浙赣苏区连成一片,为红军设立纪念日的事宜才被正式提上日程。这一年的6月23日,中共临时中央发表了《关于"八一反帝战争日"的决议》,指出:"今年'八一反战日'适为红军成立纪念。应向广大的群众指出,只有中国工农红军才是中国劳苦群众的救星。"根据这份决议,中央革命军事委员会向中华苏维埃共和国临时中央政府建议,以南昌起义日作为中国工农红军成立纪念日。中华苏维埃共和国临时中央政府同意了这一建议,并做出决议,为"领导南昌暴动的负责同志及红军中有特殊功勋的指挥员和战斗员授予红星奖章",决定在开展红军成立纪念活动的同时,开展拥军优属活动。

1933年7月9日，中华苏维埃中央革命军事委员会发布《关于制定、颁发红星奖章的命令》，明确规定对红军指战员中"有特殊的功绩的应给以褒扬，以示优异而励来者"。命令还要求各红军部队要根据考察情况，上报受奖人的事迹，由军委评审后，将按其功绩等次于八一红军成立纪念日发给红星奖章。一等红星奖章授予"领导全部或一部革命战争之进展而有特殊功绩的"人员，二等红星奖章授予"在某一战役当中曾经转移战局而获得伟大胜利的"人员，三等红星奖章授予"经常表现英勇坚决的"人员。

作为对红军指战员的最高褒奖，代表着人民军队崇高荣誉的红星奖章，从设计到制作、生产，得到了红军领导层的高度重视。三个等级的红星奖章，材质和大小不同，材质分别为金（通径5.5厘米）、银（通径4.8厘米）、铜（通径4.1厘米）。一、二等红星奖章外廓采取了十角星图案造型，三等红星奖章为钝角五角星形状。禾穗和五角星构成奖章的基本图案，禾穗簇拥红星，象征工农红军是中国共产党领导下的人民子弟兵。奖章背面刻有"中央革命军事委员会"和奖章的等级，以及颁发的日期、编号。

1933年8月1日，中央革命军事委员会在中华苏维埃共和国临时中央政府所在地江西瑞金首次举行了"八一"建军日纪念活动，并举行了阅兵典礼和颁发奖章典礼，周恩来、朱德等被授予一等红星奖章。与此同时，其他苏区及红军部队，也根据中革军委的命令隆重举行授奖大会。此后仅1934

年再次颁发了红星奖章。

红色军队历史上第一次以军委名义给指战员授予奖章,极大鼓舞了广大红军指战员的战斗热情,激励这些英勇无敌的战士继续在解放劳苦大众的战场上,夺取新的胜利。

一等红星奖章

二等红星奖章

三等红星奖章

51 何叔衡的毛衣

这是一件样式极为普通的毛衣,岁月的沉淀,使它黯淡泛黄。然而,就是这样一件再寻常不过的毛衣,见证了两位共产党人深厚的革命友情。

那是中央苏区时期,赤色首都瑞金,有5位德高望重的"老"共产党员,他们是何叔衡、徐特立、谢觉哉、林伯渠、董必武,由于年龄较大,且资历较深,同志们将他们誉为苏区"五老"。何叔衡出生于1876年,是中国共产党创始人之一,也是一大代表,自从1931年进入中央革命根据地后,他先后任临时中央政府工农检察人民委员、内务人民委员部代部长、临时最高法庭主席等职。徐特立比何叔衡小一岁,他曾执教湖南一师,是毛泽东、蔡和森的老师,1930年从莫斯科中山大学毕业后,进入中央苏区,任中华苏维埃共和国临时中央政府教育部代部长,兼任苏维埃大学副校长。1884年出生的谢觉哉,时任临时中央政府秘书长兼内务部长,并兼任中央政府机关党总支书记。林伯渠先后任苏维埃中央政府国民经济部长、财政人民委员部部长。他们4人都是湖南老乡。

1934年10月初,由于第五次反"围剿"的失利,中央苏区在敌人的堡垒战术下,被团团围困,中央被迫做出战略转移的决定。何叔衡和其他一些同志被留在根据地,继续开展工作,坚持斗争。

就在党中央及中央红军主力撤出根据地进行长征前夕,何叔衡在住地备下清酒,与老友话别。他们围桌而坐,把酒促膝而谈,直到天明,方才依依惜别。眼看着天气渐凉,而老战友林伯渠还穿着很单薄,何叔衡将女儿为他亲手织就的毛衣拿出来,赠给即将远行的林伯渠。天寒风冷,他希望这件毛衣能够在征途中为老战友遮风御寒。

林伯渠深为感动,写下了《别梅坑》一诗:"共同事业尚艰辛,清酒盈尊喜对倾。敢为叶坪弄政法,欣然沙坝搞财经。去留心绪都嫌重,风雨荒鸡盼早鸣。赠我绨袍无限意,殷勤握手别梅坑。"

谁也未曾想到,这一别,竟是永诀。中央红军转移后,何叔衡在江西游击区里,以将近60岁的高龄坚持战斗。1935年2月,组织决定将何叔衡、瞿秋白、邓子恢等领导同志转移去闽西,再经广东、香港去上海从事白区工作。然而,一行人于2月24日经福建长汀县小迳村时,行踪暴露,被敌人

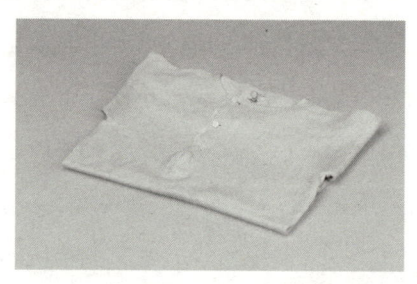

何叔衡的毛衣

团团包围。突围中，何叔衡壮烈牺牲，瞿秋白等被捕。

得知何叔衡遇难的消息后，林伯渠悲痛至极，他将这件毛衣一直珍藏着，以怀念和追悼昔日战友。

关联

何叔衡（1876—1935）

何叔衡早年曾考中清朝的秀才，但他不愿去县里掌管钱粮诸事，宁愿在乡里种地、教书。辛亥革命前后，何叔衡在云山高等小学堂教书，担任高年级国文、历史、地理教员，在此期间，他接触了同盟会，开始走上革命之路。1913年，已经37岁的何叔衡来到长沙，考入湖南公立第四师范学校。在这期间，他结识了毛泽东，与这位比自己年纪小近20岁的年轻人结为朋友，并在新民学会成立后，率先加入，后来还担任学会的执行委员长。五四运动爆发后，马克思主义在中国广泛传播，何叔衡也开始接触这一新思想，并在1920年底与毛泽东共同建立了长沙共产党早期组织。此后，他又与毛泽东一起作为代表，参加了中国共产党第一次全国代表大会。1928年，何叔衡奉派赴莫斯科学习，并参加了于莫斯科召开的党的六大。1930年回国后，何叔衡先后任共产国际救济总会和全国互济会主要负责人，次年又由党组织决定转移去中央苏区。临行前，女儿何实山给他赶制了一件毛衣，而他则将一只刻有"衡"字的戒指交给女儿，并说"革命者就是要抱定舍身忘家的决心"。然而，此一别，竟是父女二人的永诀。

52 林伯渠的马灯

新中国成立后曾任外交部副部长、文化部部长的黄镇参加过两万五千里长征,在他创作的《长征画集》中,有一幅名为《夜行军中的老英雄》。这张素描刻画了一位老人的形象,他戴着高度近视眼镜,脸庞消瘦,颧骨高隆,长长的胡须垂到胸前,一手提着马灯,一手拄着手杖,大步前行……

这位画中的老英雄,就是林伯渠。他是湖南临澧人,早年曾留学日本,并参加了同盟会,从此投身革命。他曾参加辛亥革命,也曾积极反袁,还曾任湖南省署秘书兼总务科长、政务厅长等职。护法战争中,林伯渠曾担任湖南护法军总司令部参议,后来出任孙中山大元帅府参议。1921年,林伯渠加入中国共产党,投身大革命的浪潮中。南昌起义后,林伯渠前往莫斯科中山大学学习,并在回国后出任苏维埃中央政府国民经济部长、财政部长等职,为苏区的财政工作做出了很大贡献。

1934年,由于李德、博古的错误指挥,第五次反"围剿"失败,中央红军不得不实施战略转移,年过半百的林伯渠跟着队伍一起踏上了漫漫长征路。在这场史诗般的远征中,林伯渠不顾自己年老体弱,每天都戴上自己的"五件宝"——棍子、草鞋、粮袋、马灯和军包,和红军指战员一起,坚持行军,一路渡过大江大河,爬过雪山、草地。他靠着一股坚忍不拔的毅力,与大家一同艰难跋涉,向着未来前进。

  长期的远途行军,令林伯渠日益消瘦,但他的革命热情和斗志没有消减半分。在行军中,他还不断照顾其他同志。夜幕降临,当部队夜间行军时,这位老人都会站在险隘的路口,叮嘱其他同志注意脚下安全,并用这盏小马灯发出的微弱光亮,照亮路途,为战士们指引方向。而遇到溪流沼泽时,林伯渠更会走在前面,用他那根拐杖探路,引导大家安全地通过。

  红军女战士李坚真曾动情地唱道:"年过半百老英雄,又当部长又当兵。山高水深何足惧,手举马灯照万人。"在战士们的眼里,林伯渠就像是这盏马灯,一直在长征路上闪耀着动人的光芒,为大家指引着通往胜利的道路。

林伯渠的马灯

53 阮啸仙给儿子的一封家书

"爱儿：……你想学好，你应该向你眼前的事情去学，事无大小，都有它的道理的。想见识多，有本事能耐，不必向上海或国外花花世界去学，随时随地随事都是书本，都有够学的道理在，哪怕是烧火煮饭的小事，你想知道火是什么东西？从何而来？它对于人群社会有何益处？有何害处？如何用之才有益而无害？那就够你想了。"这是阮啸仙烈士写给儿子的家书，字里行间满满都是一位父亲对于儿子的谆谆教导之情。

这位广东河源籍的中国共产党人，将自己的毕生献给了革命事业，但他终究是个父亲，所以长期以来，他始终关心着孩子的成长。早在1926年，国民党右派策划了"中山舰事件"，开始暴露出反动的嘴脸，局势越发紧张起来。出于安全的考虑，阮啸仙让妻子带着孩子返回老家，尽管这时，他们父子才相聚不过短短一年。此后，蒋介石发动了震惊中外的四一二反革命政变，阮啸仙成为国民党反动派通缉抓捕的100余名共产党主要干部之一，这使得他更没有机会与亲人相聚。

到了1928年，阮啸仙受党组织的派遣回到广东，在仁化县组织农民暴动。但在工作期间，阮啸仙却未能回家与亲人相见，尽管仁化距离河源并不算很远。这年春天，阮啸仙离开广东，这一别，便是山高路远，他先是前往莫斯科参加了中国共产党第六次全国代表大会，接着又参加江苏省委的领导工作，后又奉调到党中央宣传部，不久又任中共北方局组织部长，辗转于天津、内蒙古、辽宁、上海等地。1930年，阮啸仙赴沈阳指导中共满洲省委工作，第二年，九一八事变爆发，日本帝国主义入侵中国东北，中共满洲省委遭到严重破坏，党的一批重要干部被捕，阮啸仙幸而走脱。在回到上海后，发生了顾顺章叛变，导致上海党组织被破坏，阮啸仙也因此一度与党组织失去联系。

1932年冬，阮啸仙奉调到全国互济总会工作，不久收到14岁的儿子给他写的一封信。收到信的阮啸仙十分开心，他与同志们分享着这份喜悦，一遍遍告诉大家"我的儿子长大了，会写信了"。当天晚上，他写了回信，叮嘱儿子要孝敬母亲，好好学习。

收到父亲回信后，老家的儿子又寄出了第二封信，但这一次，迟迟没有回复。原来此时的上海白色恐怖笼罩，党的秘密机关接连遭到破坏，国民党反动派联合帝国主义四处抓捕共产党人，全国互济总会主任邓中夏被捕，革命形势极为恶劣。直到形势稍稍稳定，阮啸仙才给儿子回了这封信。谁也未曾想到，这是父亲写给儿子的最后一封信。

儿子曾给父亲写去第三封信，但音信全无。那时候，阮

第三章　土地革命与局部抗战

啸仙正在从上海前往福建汀州的途中,他的目的地是中央革命根据地的中心——赤色首都瑞金。

1935年3月6日,在红军长征之后,留守苏区的中央赣南省委书记兼军区政治委员阮啸仙在突围战斗中,被敌人的子弹击中,壮烈牺牲,时年38岁。

关联

阮啸仙(1897—1935)

阮啸仙是大革命时期农民运动的重要领导者之一,先后担任中共广东区委农民运动委员会书记、国民党中央农民部组织干事、广东省农民协会执行委员会常务委员、中共广东省委委员和农民运动委员会书记等职务,还是中共中央农民运动委员会委员。

中国共产党第五次全国代表大会诞生了中国共产党历史上第一个中央监察机构——中央监察委员会,阮啸仙被选为中央监察委员会候补委员。在中央苏区工作期间,阮啸仙当选中央执行委员和中央审计委员会主任,成为中国共产党第一任中央审计委员会主任,被誉为人民审计制度的奠基者。

54 瞿秋白赠妻金别针

这枚金别针长4.2厘米,宽0.5厘米,样式简约。它的主人,是中国革命史上一颗璀璨耀眼的流星。

他叫瞿秋白,出生于江苏常州,与张太雷、恽代英并称"常州三杰"。他的祖上是名门望族,可他出生时,家道已经中落,以至于考上了北京大学却无钱就读,不得不选择外交部所办的俄文专修馆——只因不收学费。

五四运动后,他因为一口流利的俄语,而被北京《晨报》和上海《时事新报》聘为特约通讯员,派往遥远的莫斯科,成为中国报道十月革命后苏俄实况的第一人,并与列宁有过交流。

他才华出众、学识广博,是第一位将《国际歌》完整译成中文的翻译家,还主编出版了共产党第一张日报《热血日报》。他称鲁迅是"这样亲密的人",鲁迅则称他是"敬爱的同志",他们彼此惺惺相惜。他是一位卓越的无产阶级革命家、理论家和宣传家,是继陈独秀之后,中国共产党第二任最高领导人。他参与领导了上海工人第二、第三次武装起义,还曾为毛泽东《湖南农民运动考察报告》写序,让党内的同志都读读这本书。在他担任中央领导工作期间,中国共产党人连续发动了南昌起义、秋收起义、广州起义。他曾说过："我总想为大家辟一条光明的路。"

第五次反"围剿"失败后，时为中华苏维埃共和国中央政府教育部部长的他被留在了中央苏区，由于肺病日益严重，党组织安排他转道去上海就医。1935年2月24日，他在福建省长汀县小迳村遇到敌人包围，不幸被捕。后因叛徒指认，而身份暴露。

1935年6月18日，他挥笔写下绝笔诗："夕阳明灭乱山中，落叶寒泉听不穷。已忍伶俜十年事，心持半偈万缘空。"又于长汀中山公园的八角亭前，留下了人生最后一张照片——他一身黑色中式对襟衫、白布抵膝短裤，黑线袜、黑布鞋，负手而立，恬淡闲静。面对死亡，他谈笑自若，"人之工余稍憩，为小快乐，夜间安眠，为大快乐，辞世长逝，为真快乐也"，而后手挟香烟，缓缓走向生命的终点。刑场之上，他选中一块草地，对刽子手点头微笑，说"此地甚好"，随即饮弹洒血，将人生留在了永远的36岁。

这枚金别针，是瞿秋白1924年与杨之华结婚时赠给妻子的纪念，针上有瞿秋白亲自镌刻的"赠我生命的伴侣"七字。它展现了瞿秋白作为革命的指挥员、永不屈服的战士的另一面。在革命的硝烟中，他与妻子的爱建立在共同的理想与事业之上，穿透岁月，闪烁着永恒而动人的光芒。

瞿秋白赠妻金别针

关联

瞿秋白（1899—1935）

  瞿秋白是中国共产党早期主要领导人之一，伟大的马克思主义者，卓越的无产阶级革命家、理论家和宣传家，中国革命文学事业的重要奠基者之一。他知识渊博、才华横溢，便是这样一个旁人眼里更像文人的革命者，却在革命困难的年月里坚持了英雄的立场，宁愿向刽子手的屠刀走去，不愿屈服。正如毛泽东对他的评价那般，"他的这种为人民工作的精神，这种临难不屈的意志和他在文字中保存下来的思想，将永远活着，不会死去"。

55 方志敏《可爱的中国》手稿

"到那时,到处都是活跃的创造,到处都是日新月异的进步,欢歌将代替了悲叹,笑脸将代替了哭脸,富裕将代替了贫穷,康健将代替了疾苦……"

一位中年男人埋头于案间,若非戴着的铁镣哗哗作响,很难想象写下这样美好文字的他,竟是身陷囹圄。这里是国民党南昌行营驻赣绥靖公署军法处看守所,时间是1935年。

他叫方志敏,曾任中共闽浙赣省委书记、闽浙赣军区司令员,是闽浙赣革命根据地的缔造者。1934年11月,方志敏按照中共中央及中革军委的指示,与刘畴西、寻淮洲、粟裕等人率领红十军团,作为红军北上抗日先遣队,离开了赣东北根据地,向皖南进军。方志敏作为中国工农红军北上抗日先遣队军政委员会主席,负责统一领导闽浙皖赣边党的组织和革命武装。

北上抗日先遣队进入皖南后,震动了整个南京国民政府。作为国民党反动派的核心统治区域,长江流域是整个南京政府的腹心地带,而工农红军进入皖南,北可进逼南京,东可威胁杭嘉湖平原。国民党反动派当即调集大批兵马对北

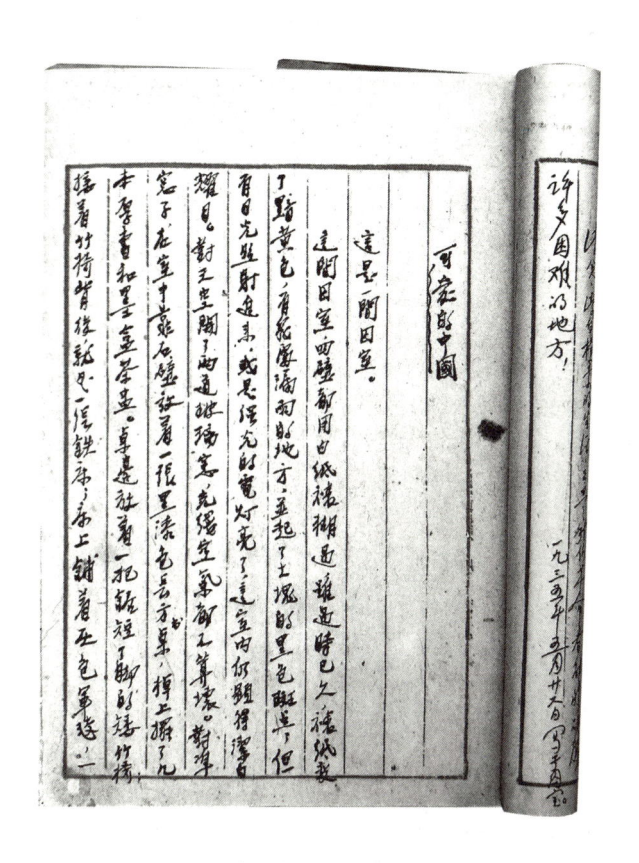

《可爱的中国》手稿

上抗日先遣队实施大规模"围剿"。1934年12月14日,红军部队在行进到安徽黄山以东的谭家桥时,在乌泥关、白亭、石门岗一带遭到敌军围攻,寻淮洲牺牲。此后,北上抗日先遣队在国民党反动派优势兵力的追堵下,不得不艰难转战于皖南地区,遭受严重损失,被迫向闽浙赣苏区转移。

1935年1月15日，在德兴县港头村，先遣队陷入敌人的重重包围中，除少部分官兵在粟裕、刘英率领下，突破国民党军封锁线，返回闽浙赣苏区外，主力被敌人的优势兵力合围于江西玉山县怀玉山区。战斗顿时陷入惨烈之中，在与敌人的优势兵力血战7天7夜后，大部分指战员牺牲，还有部分战士负伤或饥饿倒地不起而被俘，方志敏与刘畴西也不幸落入敌手。

在国民党反动派的监狱中，方志敏用敌人拿来劝降的笔和纸，写下了这篇《可爱的中国》。他在文中运用了大量的修辞手法，将祖国比作母亲，赞美这位母亲，也为母亲所遭受的苦难而心痛。同时，作为一个随时会走上刑场的人，方志敏还在文中表达了对中国美好未来的信心与憧憬，尽管他知道，自己无法看到那一天了。

方志敏牺牲前，将《可爱的中国》《清贫》等一系列文稿，托付给了同处狱中的国民党元老胡逸民、监狱文书高家骏及其女友程全昭。他们将这些写于狱中的文稿传递了出来，使得一份份狱中遗墨被党所看到，被人民所读到。那笔墨行间，那每一个字，都是那么催人奋进，鼓舞着共产党人坚持理想，为可爱的中国战斗到底。

关联

方志敏（1899—1935）

　　方志敏是中国共产党杰出的农民运动领袖。1922年加入中国社会主义青年团，1924年加入中国共产党，参与创建了江西中共党团组织。毛泽东曾在《中国社会各阶级的分析》中赞叹道："中国无产阶级的最广大和最忠实的同盟军是农民。方志敏从事农民运动比彭湃晚几个月，比我毛泽东早几个月。"大革命失败后，方志敏参与领导弋横起义，起义失利后率部开展游击战争，坚持斗争，并领导创建赣东北苏区，后任赣东北省苏维埃政府主席。1930年7月，他领导成立了中国工农红军第十军。在赣东北根据地，方志敏将马克思主义与根据地实际情况相结合，不拘泥于条条框框，创造了一整套建党、建军和建立红色政权的经验，被毛泽东称为"方志敏式"根据地。他是土地革命战争时期闽浙赣革命根据地和红十军团的缔造者。1935年8月6日，方志敏在南昌被敌人杀害，时年36岁。

56 红军长征出发渡江用的门板

一条贡水,自武夷山而出,至赣州境内与章水汇合为赣江。不过,在于都人的心里,这条蜿蜒流淌的大河,只有一个名字——于都河。

1934年10月,大队红军集结在这条大河之畔,准备开始万里长征的"第一渡"。在这之前,国民党反动派纠集百万大军,对中央苏区发动了第五次"围剿",蒋介石亲自坐镇南昌,根据德国军事顾问的意见,采取"步步为营、堡垒推进"的牢笼战略,向着苏区中心瑞金步步逼近。与此同时,由于博古、李德的错误指挥,红军全面陷入被动,损失惨重,大片根据地沦陷于敌手,仅剩下瑞金、宁都、于都等县。在这种情况下,中央被迫做出红军主力撤离根据地、实施战略转移的决定。

10月中旬开始,根据中革军委的命令,中央、军委机关和直属部队,以及红军主力一、三、五、八、九军团开始向于都集结。然而,于都河较宽,河面上又没有一座桥,8万余名红军战士要渡河,只有通过搭建浮桥的方式。就在此时,苏区的乡亲们赶来了,得知红军要过河的他们,划来了自家的小船,拆下了自己的门板、床板,来帮助红军搭建浮桥。亲历过万里长征的开国少将王耀南在《坎坷的路》一书中曾这样写道:"根据地的老表非常热情,只要说红军要用,不管他的材料是干什么用的,马上抽出来给我们送来。"这块门板,便是当时于都百姓家中的一块,它是那个时候,苏区百姓拥护共产党、拥护红军的历史见证。

由于白天国民党飞机出没,为了不被敌人发现渡河行动,同时避免敌军飞机轰炸,所有行动都只能在夜间进行。到了晚上,乡亲们便举着火把,踊跃投入搭设浮桥的工作中。在4天时间内,红军部队通过5个浮桥渡口、3个摆渡渡口,全部渡过了于都河。

看着长龙一样的红军部队在夜色中踏上浮桥,坚毅地向着远方而去,这些苏区的乡亲们泪流满面。他们将家中煮熟的鸡蛋、红薯、饭团塞给红军战士们,在熊熊燃烧的火把下,一遍遍呼唤着:"你们一定要回来啊!我们盼着你们回来!"

萧瑟的夜风中,8万多红军指战员渐渐远去,他们中的许多人再也未曾归来。而当年送别红军的乡亲们,也将迎来最黑暗的时刻,他们在国民党反动派的杀戮与压迫下,在困苦与期盼中,熬过艰难的15年,直到八一军旗下,一支无比强大的"红色铁流"重新归来。

关联

江西省赣州市于都长征出发地

"十月里来秋风凉,中央红军远征忙;星夜渡过于都河,古陂新田打胜仗。"这是陆定一同志《长征歌》的第一首。1934年10月16日,陆定一与其他8万余名红军指战员及中共中央、中革军委的领导同志,自江西于都出发,渡过贡水,踏上了征途,开始了两万五千里长征。于都,这片红色的沃土,曾经的中央苏区根据地腹心小城,也由此成为这场万里长征史诗的起点。

57 红军借宿后留下的"半床被子"

在湖南省郴州市汝城县沙洲村，当地人口口相传着"半条棉被"的故事。

那是1934年11月，初冬的湘南大地，严寒刺骨。此时，在崇山峻岭中，一队队人马正在艰难行进，飘扬的红旗昭示着他们正是刚刚突破敌人封锁线，进入湖南境内的中央红军。此时，国民党反动派判断，红军主力应是到湘西去与贺龙领导的红军部队会合，于是调集广西军阀李宗仁、白崇禧的人马，湘系军阀何键的部队，加上薛岳、周浑元率领的中央军，以多路并进的姿态，对红军展开了堵截与追击。由于各地方军阀心怀各异，担心与红军硬碰硬，会导致自己兵力损失，故而大多行动迟缓。

在判断湘军主力集中在郴县、良田等地，汝城、宜章一带没有国民党正规部队只有民团后，红军主力立即从湖南汝城南出发，沿大坪、新桥、界头、延寿等地向宜章进军。沙洲——这个湘南山村刚好位于红军的行军路线上。11月6日，一支红军部队来到了沙洲。当天晚上，部队就在这个小村宿营。

徐解秀，是一个再寻常不过的农村妇女，与当地的乡亲

邓颖超赠送的棉被

们一样,日子过得苦巴巴的,可她很善良,对于这支红色的军队,她也不害怕,她知道,这是穷人的军队。这个夜晚,徐解秀家住进了3名红军女战士。女红军发现,这个家徒四壁的房子里几乎什么都没有,就连像样的被子也没有一条,于是拿出她们仅有的一条被子,与徐解秀同宿了一夜。第二天,部队继续开拔,离别之时,她们决定将这条仅有的棉被留给这户人家,然而,徐解秀死活不肯。无奈之下,女红军将这条被子剪成了两半,留下一半给朴实的徐解秀,自己则背上另一半,踏上了继续长征的道路。

那天之后,徐解秀常常走到村口,翘首以盼,她记得临别时,红军女战士们对她说:"等胜利了,我们会给你送来一条新被子。"她是多想再见一面这3名女战士啊,便是敌人将红军留给她的半条被子给烧了,对她殴打辱骂,她也没有失去信心，因为她明白了什么叫红军，什么叫共产党——共产党就是自己只有一条被子，也要给穷苦人半条的人。

徐解秀始终相信，自己一定还能够见到她们。然而一年又一年过去了，她始终没等到3名红军女战士。她不知道她们叫什么名字，也不知道她们属于哪支部队，更不知道她们是否已经牺牲。年纪渐渐大了，再也走不动了，可老人依旧蹒跚走到村口，默默地等待着，她念叨着"我已有盖的了，只盼她们能来看看我就好"。

1984年，一位重走长征路的记者来到沙洲，已经年过八旬的徐解秀老人向他求助，她流着泪说："你能见到红军吗？能见到就帮我问问，她们说话要算数呀，说好了，打败敌人要来看我的呀！"可是，记者也没有能够找到这3名红军女战士。徐解秀老人直到去世，也没有等来留下半条被子的她们，老人一辈子等来的只有邓颖超寄来的这条棉被。当年的红军女战士再也无法回来，共产党人只能以这种方式来圆了老人的念想，尽管这个念想，是那么简单，但又那么难以实现。

58 遵义会议相关文件

这是一份极其珍贵的档案,它原本属于中共驻共产国际代表团档案,被保存在苏联莫斯科,直到1957年方才回到中国。

它是一份手稿,既没有署名,也没有成文时间,甚至经过多方调查核实,才确定了,这是陈云同志亲笔。

它的标题上写有"(乙)"字,说明这份材料还有其他部分,然而,人们始终没有找到。

它不过只有8页纸,却见证了中国共产党历史上最为重要的一次会议。

那是1935年初,中央红军自从去年10月,因为第五次反"围剿"失败而被迫实施战略转移后,便一直在寻找前路。可是博古、李德的错误指导还在继续,突破第四道封锁线,部队损失惨重。8万人的红军队伍,在渡过湘江之后,仅剩3万余人。革命的前途在何方,所有人都在思考。

在湖南通道、贵州黎平,毛泽东终于站了出来,他提出的改向敌人统治力量薄弱的贵州前进的主张,得到了多数中央领导的赞同。在夺取贵州遵义后,1935年1月,中共中央召开了政治局扩大会议。这份汇报遵义会议情况的手稿真实记录了会议前后的许多历史细节，包括遵义会议酝酿过程、会议的主要内容，尤其是中央的组织变动情况等。譬如，关于会议的目的，手稿中说是"检阅在反对五次'围剿'中与西征中军事指挥上的经验与教训"；而关于会议的时间，其中也有记录。此外，手稿明确记载了参加这个会议的同志是"除政治局正式及候补委员外，一、三军团的军团长与政治委员林（彪）、聂（荣臻）、彭（德怀）、杨（尚昆）及五军团的政治委员李卓然、李（富春）总政主任及刘（伯承）参谋长都参加"，从而为研究遵义会议的与会人员提供了重要参考。

遵义会议及此后的相关文件，记录了中央改组领导机构等决定：洛甫（张闻天）代替博古负中央总责，毛泽东增选为中央政治局常委；指定洛甫同志起草决议，委托常委审查后，发到支部中去讨论；由最高军事首长朱德、周恩来为军事指挥者，周恩来是党内委托的对于指挥军事上下最后决心的负责者，毛泽东协助周恩来进行军事指挥等。

后来，很多关于遵义会议的细节，都是从这份手稿里所获悉，通过这份手稿，人们能够更加深刻地了解遵义会议的过程细节及其历史意义。正是这次会议，结束了李德和博古的错误领导，确立了毛泽东在中共中央和红军的领导地位，从而在极端危急的历史关头，挽救了党、挽救了红军、挽救了中国革命。会议也标志着中国共产党在政治上开始走向成熟。

关联

遵义会议会址

遵义会议会址，原为国民党军第二十五军第二师师长柏辉章的私邸，为二层砖木结构的小楼。红军第一次攻占遵义后，中华苏维埃共和国中央革命军事委员会总司令部作战室便设立在这栋建筑内，

遵义会议会址

朱德、周恩来、刘伯承等也居住于此。在遵义会议召开期间，红军总司令部的警卫人员、机要人员也在这里办公和住宿。1935年1月15日至17日，中共中央政治局在此召开扩大会议，会场就在主楼楼上的小客厅。

59 红军长征带到陕北的山炮

这门火炮看起来很简陋——短粗的炮管搁架在双轮单脚式的炮架上,木质轮子,看上去很不起眼。

根据炮身上的铭文,它是一门"七生五过山炮",由上海兵工厂在1927年制造。"生"是那个时代"厘米"的英文音译,"七生五"便是75毫米口径。与今日动辄105毫米、122毫米口径相比,这门山炮的威力着实不大,可它却是红军长征带到陕北的唯一一门山炮。

它的故事得从1935年说起。这一年2月,作为长征先遣队的红六军团与贺龙领导下的红二军团胜利会师,并开创了湘鄂川黔根据地。为了扑灭湘西大地的革命火种,国民党反动派纠集了80余个团的兵力,对湘鄂川黔苏区发起了大规模"围剿"。红军与敌人激战两个月后,决定暂时退出根据地。国民党军鄂军纵队司令兼第五十八师师长陈耀汉以为这是个消灭红军主力的机会,于是命令所辖第一七二旅先行出发,自己率领师部及第一七四旅跟进,试图与张振汉的第四十一师打通联系,合围消灭红军,活捉贺龙。

敌人的分散行进,让红军抓住了有利战机。在贺龙的指挥下,红军先在陈家河歼灭了敌一七二旅,接着又急行军直扑桃子溪，将回撤至此的敌一七四旅打垮。此战中，红军缴获了两门山炮，这门火炮便是其中之一。此后的忠堡战斗中，国民党第四十一师师长张振汉受伤被俘。这个保定军校炮科毕业的国民党中将以为必死无疑，谁知红军非但没有杀他，还对他进行了耐心的教育和挽救，并给他疗伤。被红军的政策感召的张振汉幡然醒悟，从此投身革命，并在后来的战斗中，亲自指挥这两门火炮参加战斗。

1935年11月，由红二军团、红六军团组成的红二方面军奉中央军委命令撤离湘鄂川黔根据地开始长征，这两门火炮也随着张振汉及其他红军战士们一起踏上了漫漫征途。从乌蒙山转战，到抢渡金沙江，从爬雪山，到过草地，尽管红军战士们历经千辛万难，也始终舍不得丢下这两门火炮。后

红军长征带到陕北的山炮

来在最艰难的时刻，其中一门山炮在突围时就地掩埋，但这门587号，被战士们硬是背着抬着，带到了陕北，成为红军长征中带到陕北的唯一山炮。而张振汉，这个国民党中将，也成长为红军学校的一名战术教员。

也许是因为这门火炮见证了红军最困难的时期，也许是因为它承载的故事太多太多，1959年，中国人民革命军事博物馆开始筹建时，已经是共和国元帅的贺龙亲自下令找寻这门有着传奇经历的山炮，并将之移交博物馆收藏。

60 红军船

安顺场,地处四川省西南部,是雅安市石棉县的一个小镇子。长江的支流——大渡河,在这里拐了一个大弯,河对面是骑虎山,壁立千仞,插入大渡河中,导致山崖下激流汹涌。

1935年5月,中央红军巧渡金沙江后,沿会理至西昌大道继续北上,准备渡过大渡河进入川西。得知红军即将抵达安顺场,国民党反动派欣喜若狂,就在70多年前,同样在安顺场,太平天国翼王石达开率领的太平军遭清军围追堵截,全军覆没。于是,国民党反动派立即调派大批人马,部署防线,同时下令在大渡河两岸的渡口进行破坏,他们烧光了房屋、收缴了船只,使得红军找不到架桥的材料,从而达到在这"石达开大军覆灭之地"聚歼中央红军的目的。

前有天堑,后有追兵,红军又一次走到了生死存亡的关键时刻。为了不让历史重演,红军一方面向安顺场急行军,一方面千方百计地找船,最终红军先头部队在安顺场,夺得大地主赖执中用来逃命的一艘小船。这艘形制独特、船头高翘、船身呈新月形的小船,就是当年那艘木船的复制品。

由于时间紧急,红军先遣队指挥员刘伯承、政委聂荣臻

红军船

立即下令，着手准备渡河。

大渡河水势凶猛，而且多旋涡，加之对岸又有敌人一个营的兵力防守，所以渡河极为艰险。但没有什么困难能够阻挡红军战士，在嘹亮的冲锋号中，17名勇士组成的渡河奋勇队在4名船工的帮助下奋力向对岸而去。与此同时，掩护部队以猛烈的火力对敌人进行压制射击。

波涛汹涌，水流湍急，小船在浪涛中颠簸，敌人的子弹不断射来，打得水花四溅。危急时刻，红军神炮手赵章成架起一门迫击炮，将仅有的几发炮弹全部射向敌人，一时间敌人混乱。渡河17勇士趁机冲上北岸滩头，成功控制了渡口，在被敌人视为插翅难飞的天险防线上，撕开了一个缺口，打开了一条胜利通道。

如今这艘小船的复制品静静陈列在纪念馆内，向前来参观的人们讲述着那年那天的惊心动魄。

61 通江红军石刻标语群

自创立之初,中国共产党就高度重视宣传工作,即便是在大革命陷入低潮时,中国共产党及其领导下的工农革命武装,都没有放下宣传工作,甚至将之作为头等大事,毛泽东就曾强调指出:"红军的宣传工作是红军的第一个重大的工作。"

四川省通江县,这个地处米仓山东段南麓大巴山缺口处的小县城,保存有大批红军当年留下的石刻标语。这些标语记录着90多年前,红军在当地开展政治宣传工作的历史往事。

1932年7月,国民党豫鄂皖三省"剿共"总司令部调集数十万人马,对鄂豫皖苏区发动第四次"围剿"。尽管红四方面军和苏区人民英勇奋战两个多月,但终因敌众我寡,未能打破敌人的"围剿",只能留下少数部队在苏区坚持斗争,主力则撤出根据地,经鄂北、豫西,一路辗转来到陕南地区。

趁着四川军阀混战之际,红四方面军又从陕南往川北进军,开辟了以通江为中心的川陕革命根据地,并粉碎了敌人的"三路围攻"和"六路围攻",取得了一系列胜利。在根据地不断扩大的同时，扩红工作也如火如荼地展开。如何发动群众，让广大贫苦人民知道党和红军的政策，成了宣传工作者急需解决的问题。

通江多山，在那个年代里，没有完善的公路体系，行路不便，而且纸张短缺，根本不可能在短时间内印刷传单下去张贴、分发。为了宣传群众、武装群众、组织群众和震慑敌人，红军设法在民房、石壁、磨盘、水缸，以及群山之间、崖壁之上錾刻下一幅幅标语，将大山化作布告栏。

红军在通江县留下了数以千计的石刻标语，其中最大的两条标语为"赤化全川""平分土地"，前者镌刻在海拔800多米的红云崖上，后者则位于海拔1100米的佛尔崖之上，每个字的高、宽都在5至6米，便是隔着数十里，也能够让人看得清晰。当地百姓透过这两幅雄踞高山之巅的标语，了解了红军的理想与理念，于是越来越多的人积极参加革命。红四方面军在通江停留的短短两年多时间内，兵力由不到2万人迅速发展为8万多人。

红军宣传人员当年在通江留下的标语，除了这两幅影响最大、名声最响的，还有其他大大小小约千幅。根据统计，这些石刻标语遍布全县74个乡（镇），内容题材丰富多样，其中沙溪、至诚、诺江、毛浴等乡（镇）红军石刻标语最为宏大、最为集中和完整。当人们走进通江县这个"露天革命博物馆"时，不经意间，便能够透过这些石刻标语，回望那段激情燃烧的岁月。

通江红军石刻标语群

62 浙南游击区用于秘密联络的"六面密印"

这个老物件,是木头制成的一枚印章,正方体上雕琢着花纹。它看起来像个骰子,其实是游击队与党组织进行秘密联络的工具,是传递绝密军情、交通员相互验证的重要印信,它的名称叫"六面密印",又称"六面内章"。

故事还得从1934年讲起。这一年,根据中共中央革命军事委员会命令,红军北上抗日先遣队与方志敏领导的红十军及地方武装合编,成立红军第十军团,进入外线作战。国民党调集大批兵力对这支北上抗日的红军部队进行合围,红十军团损失惨重,军团长寻淮洲牺牲、方志敏被俘,仅剩下1000多人在参谋长粟裕、政治部主任刘英率领下,突破封锁线,抵达闽浙赣边苏区,整编为红军挺进师,并向浙江境内挺进,开展游击战争。

途经江西铅山县石塘村时,红军挺进师遭遇敌人的袭击,唯一的电台在战斗中被毁,部队失去了与党组织的联系。困境之中,为了保持与地方武装和党组织的联系,红军建立起了秘密交通站,开展情报传递、人员护送、物资转运等工作。

浙南的情况很复杂,红军除了要与敌人做殊死搏斗,还

六面密印　　　　　　　　　　紧急调令

　　缺衣少食，一些坚持不住的人动摇了。为了防止叛徒出卖，敌人奸细混入，红军发明了六面密印。它看起来毫不起眼，却是红军挺进师当时重要的印信。密印有六个面，每一个面都刻有花纹，其中5个面花纹相似，还有一面四周有花纹，但中间是空白，在敌情紧急时使用，意味着"军情十万火急！"

　　根据与密印配套使用的说明书记载，这枚六面密印是1935年9月14日，由挺进师政委刘英派人交付泰南区使用。短短7天之后，国民党军进攻泰南区，区党委用密印发出了紧急调令，在实践中检验了这种秘密通讯方式的可靠性与有效性。

63 红军东征时使用的羊皮筏子

船,是过河用的交通工具,根据制作材料的不同,有木船、草船、铁船等。在甘肃、陕北的黄河两岸,当地人还有另一种古老的水上交通工具,它用羊皮制成,人们叫它"羊皮筏子",俗称"排子"。

羊皮筏子要用气鼓鼓的山羊皮"浑脱"来做成,根据所用"浑脱"的数量不同,羊皮筏子的大小也不同。尽管有些古老,甚至有些原始,可羊皮筏子有着重量轻、体积小、浮力大、坚韧耐磨、便于携带等优点,是黄河两岸当地民众较为常用的渡河工具。

1935年12月,在瓦窑堡召开的中共中央政治局会议上,中国共产党人正式提出"东渡黄河,挺进山西,出师河北与日本帝国主义直接作战"的政治宣言,与此同时,红军也正式组建东征军,并向黄河岸边开进集结,实施渡河作战准备。

黄河对岸,是阎锡山的晋军,他们构筑了黄河防线,对河面进行了封锁,同时严格控制沿岸船只。这让红军能够筹集到的渡船十分有限。这时候,当地民众积极站了出来,给予红军帮助,他们除了拿出自家的羊皮筏子、帮助红军制作羊皮筏子，还作为船工，勇敢地投入渡河作战。

在广大民众的支持下，1936年2月20日，红军部队发起渡河战役，北起绥德沟口、南至清涧河口50余千米的河面上，一只只羊皮筏子载着红军战士漂浮在冰冷刺骨的黄河之上，冒着敌人的枪林弹雨，在滔滔黄河水中搏击风浪。随着先头部队成功地突破了阎锡山自诩为"固若金汤"的黄河防线，敌人的河防被撕开了缺口，举着红旗的红军战士涌上滩头，向着纵深处冲去。

在取得渡河作战的胜利后，红军一方面扩大战果，一方面划着羊皮筏子接应后续部队过河，大批红军指战员搭载着这一艘艘羊皮筏子，源源不断地渡过黄河，取得了渡河作战的全面胜利。

突破黄河天险之后，红军东征军转战山西境内歼敌万余，取得了一系列的胜利，并在很多地方建立了苏维埃政权，发展壮大了当地工农武装，从而在山西播下了红色的火种，为后来的抗日斗争奠定了坚实基础。

64 红军赠给洪洞县白石村小学的风琴

1931年九一八事变后，日本帝国主义加紧了对中国的侵略。在占领东北大地后，日本又于次年在上海挑起事端，引发了一·二八淞沪抗战。1933年，日军侵入热河，长城抗战爆发；1935年，日本帝国主义又策划制造了华北事变，并强迫国民党政府签订《何梅协定》，妄图将华北从中国分离出去。

中华民族到了最危急的时刻。1935年，中国工农红军抵达陕北。这一年12月，中共中央在瓦窑堡召开会议，会议决定"把国内战争同民族战争结合起来；准备对日作战；扩大红军"，并提出了"抗日反蒋、渡河东征"的口号。

1936年1月15日，毛泽东、周恩来、彭德怀正式签发"关于红军东进抗日及讨伐卖国贼阎锡山的命令"，命令"主力红军即刻出发，打到山西去"，作为东征主力的红一方面军也将使用"中国人民红军抗日先锋军"这一番号。

东渡黄河的红军，按照中央指示，除了对反动派实施坚决打击外，还就地积极发动和鼓舞群众，建立苏维埃政权。这架镌刻有"中国人民红军抗日先锋军总政治部赠送"字样的风琴便是东征期间，中国共产党人宣传抗日救国、传播革命火种的见证。

当时，林彪、聂荣臻、罗荣桓率领红一军团抵达山西洪洞县白石村，军团指挥部就驻扎在当地一温姓人家大院。在白石村期间，红军时常在村里破旧简陋的学校内宣扬抗日救亡，这架风琴在那些日子里时常奏响抗日歌曲。一时间，白石村民众抗日热情高涨，许多村民积极报名参加红军。

红军离开白石村后，这架风琴被红军留给了学校，成为山西人民在中国共产党人领导下，奋起救国的历史亲历者。

在转战山西期间，东征红军向各界人士宣扬抗战救国的立场和主张，唤醒了广大民众，许许多多的山西子弟由此了解了红军、了解了中国共产党，从而投身革命。共产党人也通过这次东征，在黄河以东地区播撒下红色的火种，为日后建立抗日民族统一战线，为红军主力开赴抗日战场奠定下基础。

红军赠给洪洞县白石村小学的风琴

65 "爱民如天"锦旗

1934年,红军长征要经过少数民族聚居区,党中央对民族工作提出了明确的要求,广大红军指战员必须严格执行民族纪律,尊重少数民族的风俗习惯、语言文字和宗教信仰,反对民族歧视。这也让中国共产党及其领导的人民军队获得了广大少数民族同胞的热烈拥护。

在宁夏同心县,就流传着这么一个民族团结的故事。1936年,为扩大和巩固根据地,同时努力争取西北抗日力量大联合,实现全国性的对日抗战,红一方面军以第一军团、第十五军团组成西方野战军,发起西征战役。6月间,作为右路军的红十五军团等1.3万余人抵达宁夏豫旺(今同心县)。

长久以来,由于国民党反动派对红军的丑化、抹黑宣传,当地少数民族群众不仅对红军的民族政策一无所知,还从内心深处惧怕红军,以至于处处躲着红军。

红军了解到当地年逾八旬的回族大阿訇洪寿林,为人乐善好施,平日也主张民族团结,在西北地区颇有名望。为了争取少数民族群众和宗教人士对红军的理解和支持,红军决定派人去拜会他,一方面向他宣传中国共产党的民

"爱民如天"锦旗

族宗教政策，另一方面也做做他的工作，向他讲述共产党抗日救国的主张。

经过多次接触，洪寿林对中国共产党和红军有了深刻的了解，他不仅积极拥护红军，向广大少数民族群众宣扬红军是穷人的队伍，是顺应民意的仁义之师，号召广大群众拥护共产党、拥护红军，甚至还帮助红军，对宁夏军阀做工作，使当地军阀的部队避战让路。

为了表达对这位老人的敬意，以及感谢他热爱人民、拥护红军的行为，红军代表为他送来了这幅丈余长的红绸大锦幛和150只羊,锦幛上题有"爱民如天"四个大字。

一年后,洪寿林老人因病逝世。在他归真之前,依然嘱咐儿子:这面锦幛,比什么家产都珍贵,一定要保存好,等着红军回来。根据老人的遗嘱,锦幛被洪家人珍藏了起来,直到新中国成立后,才作为革命文物捐献出来。

66 红四方面军战士周广才和战友吃剩的皮带

在博物馆的诸多文物中,它很不起眼,既不如那些金银铜器璀璨生辉,也不似那些书画字帖满是诗意,它只是一条残缺的皮带,却也是70余年前那段长征史诗的历史见证。

拥有它的人,名叫周广才,是红四方面军第三十一军九十二师二七四团的一名战士。1936年7月,年轻的周广才与战友们一起走进了茫茫草地。这里是青藏高原与四川盆地的过渡地带,海拔约3500米,黑河与白河迂回曲折,岔河横生,水流淤滞,使得这片大地成为一望无际的高原湿地。草甸之下,是大片大片的沼泽,积水淤黑,泥泞不堪,浅处没膝,深处没顶,一旦不小心踩入泥潭,就会愈陷愈深,直至被泥沼吞没。

这里没有树木,也没有道路,看起来水草丰沛,可这些水大多有毒,根本不能饮用。当周广才和他的战友们走进这片没有人烟、鸟兽绝迹的死亡绿海时,全班连他在内,仅剩7人,其他战友都在之前的战役中牺牲了。在草地中行走,很艰难。这时正是雨季,瓢泼大雨,冻得人瑟瑟发抖,本就泥泞不堪的沼泽,成为一片泽国,一脚下去,很有可能踩入泥沼,从此葬身其中。

第三章　土地革命与局部抗战

最为困难的还是粮食。红军进草地之前，所经过的地方大多人烟稀少，高原之上，除了点青稞，也没有什么粮食，所以尽管红军想尽办法四处筹粮，部队也仅仅携带了少量干粮，就踏上了征程。进入草地没几天，周广才他们就断粮了，不得不在草地中钓鱼、挖野菜、寻草根、剥树皮，用以充饥。可吃的野菜本来就少，战士们只好从自己身上搜罗可以用来充饥的东西，枪套被煮了吃了，鞋底的皮掌也被吃光了，于是解下皮带煮着吃。当班里其他战友的皮带吃完后，就剩下一条皮带了。这是1934年在战场上缴获敌人的战利品，周广才一直很宝贵它。但为了大家的生存，他忍痛献出了皮带。

皮带被切成一段一段吃掉。这个年仅14岁的小战士有一天忍不住哭了起来，他说："我不吃了！战友们，我们把它留下来，留作纪念吧。"就这样，大家忍着饥饿，怀着对革命胜利的憧憬，将这条吃了一截的皮带留存了下来。在随后的征程中，周广才的6位战友相继牺牲，只有他随红四方面军胜利到达延安。

为了缅怀牺牲的战友，纪念这场伟大的远征，周广才在皮带的背面烫上了"长征记"三个字，并将它珍藏起来。1975年，为了纪念红军长征40周年，这位老红军战士将这件珍藏的半截皮带捐赠出来。这半截皮带，如今收藏在博物馆，成为那个艰苦岁月中，红军广大指战员不畏艰难困苦的精神见证。

红四方面军战士周广才和战友吃剩的皮带

67 郭纲琳烈士刻的"永是勇士"铜牌

1937年7月,北平城外、卢沟桥畔,日本侵略者全面侵略中国的枪声已经打响。然而,就在日寇的狼子野心彻底暴露、中华民族到了生死存亡之际,中国共产党人摒弃前嫌,愿意与国民党结成抗日民族统一战线、共同抗日之际,在南京雨花台,一位年轻的女共产党员,却走向了刑场,倒在了敌人的枪口下。

她叫郭纲琳,江苏句容人。1910年出生的她从小生活在一个富裕家族。1931年,就在郭纲琳考入上海中国公学大学部时,九一八事变爆发。日本帝国主义侵占东北大地,国民党政府非但不做积极抵抗,反而集中力量剿灭代表工农利益的中国共产党,如此荒唐无能的反动政府自然激起了无数热血青年的不满,在进步思想的熏陶下,郭纲琳积极投身抗日救亡运动,并加入了中国共产党,从此放弃了殷实的生活,毅然走上革命道路。

在成为一名共产党员后,郭纲琳听从党的教导、服从党的安排,始终战斗在对敌斗争的前线,她先后任共青团江苏省委内部交通、团无锡中心县委书记、团上海闸北区委书记等职务。1934年1月,因叛徒告密,郭纲琳不幸被捕,敌人将她从上海租界引渡到南京，关押在南京宪兵司令部看守所。面对敌人的威逼利诱与严刑拷打，郭纲琳始终不屈，气急败坏的反动派只得将她投入南京老虎桥第一模范监狱。

尽管身陷囹圄，但郭纲琳始终没有放弃共产主义信仰，她始终保持着斗志和乐观，在狱中与敌人做最后的斗争。这枚铜牌是郭纲琳在狱中用铜板精心磨成，上面刻有"永是勇士"的字样，以表达自己誓死不向敌人妥协的决心。

"永是勇士"铜牌

郭纲琳被捕后，作为地方大族的郭家多方营救。敌人提出了条件，要她放弃政治主张，登报悔过，但这都是她不能接受的。1937年7月，郭纲琳等一批共产党员被杀害于南京雨花台。在走向刑场的路上，这位英勇的女共产党人毫不畏惧，用自己27岁的生命，践行了"永是勇士"的诺言。

关联

南京雨花台

位于南京城南中华门外的雨花台,是一座松柏环抱的秀丽山岗。相传南朝梁武帝时,有高僧云光法师在此说法,因内容精妙,感动佛祖而天花乱坠,落地成石,故而得名

南京雨花台烈士陵园

"雨花台"。然而,从1927年后到新中国成立,这处胜地却被国民党反动派用作屠杀共产党人和爱国人士的刑场。短短20余年间,成千上万名共产党员、爱国志士在此慷慨就义,他们的鲜血洒满了一枚枚雨花石。

新中国成立后,人民政府为缅怀先烈,在这里立碑建馆。如今雨花台烈士陵园已成为全国爱国主义教育示范基地,是规模最大的国家级烈士陵园。

第四章

**全民族抗战的
　　中流砥柱**

68 平型关战役战利品

卢沟桥的枪声拉开了全面抗战的序幕，为了抗击日本侵略者，中国共产党人摒弃前嫌、放下仇怨，与国民党展开第二次合作。8月25日，中共中央洛川会议公布《抗日救国十大纲领》，同时正式将红军改编为八路军，开赴抗日战场。

此时，日军在华北战场正步步紧逼，他们先后攻占了大同、灵丘等地，兵锋直指山西省会太原。敌人来势汹汹，国民党守军在平型关、东跑池、团城口等地的防线岌岌可危。根据八路军总部的指示，林彪、聂荣臻率领的八路军第一一五师紧急开赴平型关一线，与国民党军队配合作战。

进攻平型关一线的日军为第五师团，这支部队是日本明治维新后，由广岛镇台改编而成，是日本陆军编组最早的7个师团之一，兵员大多来自本州西部的广岛县、岛根县、山口县。自建军以来，第五师团参加了甲午战争、日俄战争、西伯利亚出兵等诸多日本侵略战争，由于"战绩辉煌"，故而自诩为"钢军"。此时的师团长为6年前在东北与石原莞尔共同策划九一八事变的中国通——板垣征四郎中将。

华北卢沟桥枪声打响后，第五师团于7月27自日本出发，从天津大沽口登陆，继而投入南口作战，先后在平绥路东段作战中攻占了张家口、蔚县等地，这时正骄横不可一世。面对敌人的轻敌冒进，临危出征的八路军第一一五师巧妙地在平型关设下埋伏，就等着敌人钻进口袋。

平型关位于雁门关之东，在山西省繁峙县东北与灵丘县交界的平型岭脚下，是明朝修筑的内长城关口之一。这里两侧峰峦迭起，陡峭险峻，左侧有东跑池、老爷庙等制高点，右侧是白崖台等山岭，通道狭窄，最窄处仅能通过一辆汽车，这样的咽喉处，是伏击歼敌的理想之地。

9月25日，日军第五师团所属步兵第二十一旅团一部及辎重车队进入八路军一一五师的伏击圈。随着一声令下，八路军指战员向着敌人发起猛烈攻击。毫无防备的敌人被打得人仰马翻，汽车炸成一团，顿时混乱起来。趁此机会，八路军发起冲锋，与敌进行白刃格斗。经过一番近战、血战，八路军歼灭日军1000余人，取得了八路军出师以来的第一个大胜仗。

平型关伏击战的胜利消息传出，举国轰动，不仅中共中央发来贺电，就连蒋介石也两次致电祝贺嘉勉，其他社会各界的贺电更是不计其数，延安、南京等地的各大报刊、广播电台也纷纷报道。在许多城市，各界群众还举行集会，庆祝这次胜利。

这些在那场战斗中被缴获的战利品，不仅让日军"不可战胜"的神话破灭了，而且是中国共产党领导下的八路军将士英勇杀敌的见证。通过这些战利品，人们可以清晰地看到，团结起来的中国人民，必定是不可战胜的力量。

缴获的日军大衣

缴获的日军"十三年式望远镜"

缴获的日军指南针

缴获的步枪

69 《游击队歌》手稿

"我们都是神枪手,每一颗子弹消灭一个敌人,我们都是飞行军,哪怕那山高水又深……"这支轻快、流畅、活泼的曲子,从战火纷飞的年代走来,将中国共产党领导下抗日武装坚持敌后抗战的形象,生动表现出来。

谱写《游击队歌》的人,是著名音乐家贺绿汀。1903年出生于湖南邵阳农民家庭的他,很早就通过《新青年》《小说月报》等一些进步报刊,接触到了新知识、新思想。此后,他又潜心研读了《共产党宣言》《资本论》等马克思主义理论著作,并在轰轰烈烈的大革命浪潮中,投身于工农革命运动。1926年,贺绿汀加入中国共产党,先后参与湖南农民运动,以及次年的广州起义。

1931年,贺绿汀考入上海国立音乐专科学校,并创作编写了众多经典歌曲,其中钢琴伴奏曲《牧童短笛》和《摇篮曲》更是在世界范围内广为传播,深受国内外听众的欢迎。

全面抗战爆发后,在中国共产党领导下,广大民众掀起了抗日救国的浪潮,文化界也积极组织救亡演剧队,奔赴前线,进行抗日宣传活动,贺绿汀就是其中一员。在八路军、新四军抗敌一线,贺绿汀听到了许多战士们巧妙运用游击战英勇杀敌的事迹,看到了众多缴获的战利品,在山西八路军办事处学习了关于游击战争的文件,深受感染和启发……一幅幅画面在他的脑海里浮现,一串串旋律在他的笔下跳跃而出,于是有了这首充满热烈与欢快,乐观精神与必胜信念相交织的《游击队歌》。

1938年春,上海文化界救亡演剧队第一队在八路军总司令部举行的晚会上,首次为抗日将士们演唱这首歌。朱德、任弼时、刘伯承,还有众多八路军将士用热烈的掌声给这首歌以肯定。很快,这首《游击队歌》在八路军、新四军战士中传唱起来,并如风一般传遍大江南北,甚至在国民党统治区、沦陷区,也能够听到它欢快的音符。

《游击队歌》手稿

《游击队歌》的创作原稿，被贺绿汀一直珍藏在身边，带到了延安，又在革命胜利后带回了上海。直至1961年，中国共产党成立40周年之际，贺绿汀才将手稿作为献给党的礼物，郑重献给了博物馆。

　　薄薄的两页纸，虽然已经泛黄，但那用钢笔书写的每一个音符，直至今天，依然在激情中跳动，让人们从中感应到无数抗日健儿在密林、田野、山岗上的歌唱和战斗身影："我们生长在这里，每一寸土地都是我们自己的，无论谁要强占去，我们就和他拼到底……"

70 新华日报印刷机

初见它时，第一眼，谁也不会对它留下深刻印象。氧化锈蚀让它浑身斑驳不堪，磨损严重的零件让它格外破旧，然而就是这样一台让人觉得丝毫不起眼的老旧印刷机，是中国共产党人在抗战时期，在那场看不见硝烟的战斗中，最为有力的武器之一。

1937年，为了抗击日本帝国主义的侵略，国共两党展开第二次合作，中共中央决定在国民党统治区内，筹办一份报纸和一份刊物，经过慎重研究与讨论，最终定名为《新华日报》和《群众》周刊。然而，由于国民党内的反动势力百般阻挠，《新华日报》的注册登记手续在南京迟迟办理不了。此后，随着国民党军队在淞沪会战中失利，日军向南京发动进攻，在南京继续筹办《新华日报》已无可能。

1937年底，报社随八路军办事处撤到武汉，继续筹办报刊。负责人潘梓年四处寻觅印刷机器，最终在武汉一家印刷厂购得了这台装有德国西门子马达的平版印刷机。此后，经过周恩来等领导人与国民党当局协商，最终达成协议，《新华日报》和《群众》周刊获得了"注册"，并于1938年1月在武汉正式创刊发行。

1938年10月，武汉沦陷，这台印刷机随着《新华日报》迁往重庆，并在那里扎根下来，成为中国共产党向全中国各界发出声音的平台。从这台机器上印刷出来的《新华日报》除了发表毛泽东、朱德等中国共产党领导人的重要文章，还报道八路军、新四军在前线英勇杀敌的战绩，同时也积极宣扬中国共产党坚决抗战到底的决心。那一张张报纸，鼓舞了全民族坚持抗战的决心，为中国共产党团结一切可以团结的力量，构筑全民族统一战线做出了巨大的贡献。

皖南事变发生后，正是这台印刷机印制的《新华日报》将事变真相告知天下，揭露了国民党顽固派"假抗日、真内战"的丑恶嘴脸；抗战后的重庆谈判，也是通过这台机器印刷的《新华日报》，积极宣扬了中国共产党人为和平所做出

新华日报印刷机

的巨大努力。

如今，这台为党的新闻事业做出巨大贡献的机器，已经"年迈退休"。但历史不会忘记，在那个特殊的年代里，中国共产党通过它，一次次发出了自己的声音，赢得了各界爱国人士的支持，为后来取得全面的胜利，奠定了坚实的基础。

71 冷云用过的水彩画小册子

这本《水彩画》本属于一位抗日女战士,在黑暗年代里,她毅然投身那场事关民族存亡的斗争,最终化作永恒的丰碑。

她叫郑香芝,1915年出生于黑龙江桦川县悦来镇。16岁那年,郑香芝进入桦川县立女子师范学校就读,也就在这一年,九一八事变爆发,家乡沦于日本侵略者的铁蹄之下。深深的耻辱让郑香芝立志为国为民,于是她将自己的名字改为"郑志民",从此走上了寻求真理的道路。

1934年,郑志民加入中国共产党,从事党的秘密工作。这本《水彩画》是她在南门里小学以小学教师身份作为掩护,从事地下工作时使用的教材。1937年,郑志民前往东北抗日联军第五军,从事文化教育工作,为了避免家人受到牵连,她给自己取了个化名。从此,这世间少了一个名为郑香芝的女子、一个名为郑志民的小学教师,多了一个叫"冷云"的抗日女战士。

进入抗联第五军后,冷云先后在妇女团担任小队长、政治指导员等职务。尽管作战频繁、生活艰苦,但她从不后悔自己的选择。1937年夏,日本侵略者为了消灭抗日武装,集合关东军第四师团、第十师团等部队,以及伪靖安军、兴安军等,以6万余人的兵力,对松花江下游展开"三江大讨伐"。为了打破困境,抗联第四军、第五军决心离开游击区,向西发起远征。冷云率妇女团数十名女战士,随第五军第一师参加了西征。这些女战士和战友们并肩,跋山涉水,艰难前行。尽管在敌人的围追堵截下,许多战友牺牲了,尽管一路上得不到补给,战士们饥病交加,但冷云和她的战友们还是一路连续突破了敌人多道封锁线,于1938年10月上旬抵达牡丹江下游支流乌斯浑河西岸。

但这时大批日军正包围而来,毫无所知的抗联指战员经过短暂休整,准备涉水渡河。师里命令,妇女团指导员冷云率领女战士胡秀芝、杨贵珍、郭桂琴、黄桂清、王惠民、李凤善、安顺福先行过河。就在冷云她们抵达岸边准备渡河时,枪声大作,敌人发起了进攻。

此时,局势危急。抗联指战员要么向西突围进入树林,要么向东渡河。然而,面对敌人的包围,渡河极为困难。冷云等8名女战士毅然放弃渡河,对敌人主动开火,吸引了敌人的注意,掩护主力部队向西突围。

敌人被8名女战士的子弹打得措手不及,一时间乱了阵脚。我主力部队趁机冲入密林,摆脱了敌人的包围。可此时,冷云等8名女战士陷入了敌人的包围中。发现冷云她们据守在河边,已经陷入危险,突围了的主力部队迅速返回接应,可是敌人已经占据了制高点,用猛烈的火力阻止抗联战

冷云用过的水彩画小册子

士们的援救。

　　见到战友们不断倒在敌人的子弹下,冷云她们毅然高喊,让战友们保存力量,不要再顾及她们。越来越多的敌人冲了上来,女战士们打光了最后一发子弹、扔出了最后一枚手榴弹,抱着宁死不做俘虏的决心,毅然手挽着手,并肩走入冰冷的乌斯浑河。

　　北风怒号,河水澎湃,8名女战士从容赴死,她们中年纪最小的王惠民才13岁,年龄最大的冷云也才23岁。这些勇敢的中国女性,以这样悲壮的方式,向世人宣告:中国人民永远不会在侵略者的刺刀下屈服。她们的事迹让后人永世不忘,她们的英灵势必永垂不朽。

72 左权用过的望远镜

在许许多多的文物中，这件望远镜，看起来很普通，丝毫不起眼。但它的背后，记录了八路军副总参谋长左权与革命军工事业的一段佳话。

1937年7月7日，卢沟桥畔的枪声拉开了中国人民全面抗战的序幕。中国共产党人毅然放下前嫌，与国民党再次展开合作，中国工农红军和南方游击队改编为八路军、新四军，开赴抗日战场，与国民党军共同抵抗日本侵略者。然而，频繁的战斗，导致武器弹药损耗，加之长期以来，武器得不到很好的补充，八路军始终缺乏武器，这严重制约着抗战形势的顺利发展。为了解决这一问题，中国共产党人决心自力更生，通过军事工业正规化建设，来解决这一问题。

1939年3月，八路军在山西黎城县北庄村成立了总部后勤部第六科——军事工业科，由刘鹏担任科长，统一领导八路军武装军工生产。此后，由于敌后抗日根据地得到了巩固和扩展，八路军总部又决定组建大型兵工厂，扩大武器的生产能力。为寻找合适的地址，身为八路军副总参谋长的左权与总部后勤部部长杨立三，亲自带领工程技术人员四处奔波，勘探选址。曼丘便是一名后勤部的工程技术人员。这位本名帅士义的四川青年,在青神县立小学任教期间,积极参加了中共地下党组织领导的"战时学生社",投身抗日救亡运动。1938年,经过组织安排,他辗转来到延安参加了八路军,后担任总后勤部工程师科长等职,负责水利、军工厂等基建设计与施工。

在那些日子里,曼丘他们跟着左权副总参谋长一起上山下谷、披荆斩棘,极为辛苦,但这位年轻人觉得自己每一天都充满了干劲。由于物资缺乏,他们工作很不方便,比如在勘探工作中,竟是连一副望远镜都没有。于是,左权就将自己的望远镜送给了曼丘。这副望远镜本是八路军缴获的日军战利品,左权很喜爱它,但工程技术人员更需要它。从那之后,这副望远镜成了曼丘的心爱之物。

左权用过的望远镜

在左权副总参谋长的领导下，经过八路军工程技术人员的努力，最终在山西辽县、武乡、黎城县交界处找到了一处适合建设兵工厂的地点。经朱德总司令、彭德怀副总司令实地视察后，八路军的兵工厂在这处叫水窑山（俗称黄崖洞）的地方正式成立。1940年初，兵工厂建成投产。

1982年，在左权将军牺牲整整40年后，年迈的曼丘遇到了左权之女左太北，将当年将军馈赠的这副望远镜回赠给她。因为他觉得，这样要比自己继续保管下去，更有意义。2000年12月，左太北将这副望远镜作为抗战文物，捐赠给中国人民抗日战争纪念馆。如今，它与其他那些抗日烈士遗留的珍贵文物静静地陈列在一起，成为后来人缅怀先烈、牢记历史的重要物质载体。

73 白求恩遗赠的手术器械

亲爱的聂司令员：

今天我感觉身体非常不好，也许我要和你们永别了！……

给叶部长两个箱子，8种器械，给游副部长，15种器械给杜医生；卫生学校的江校长，让他任意挑选两种物品作纪念……

最近两年，是我平生最愉快、最有意义的日子。在这里，我还有很多话要对同志们说，可我不能再写下去了……

这是亨利·诺尔曼·白求恩病逝前，留给晋察冀军区司令员聂荣臻的遗书。

毕业于多伦多大学医科的白求恩，是一名加拿大共产党员。抗日战争全面爆发后，这位伟大的国际共产主义战士率领加美援华医疗队来到中国，为中国人民的抗战事业贡献自己的力量。在延安时，白求恩受到了毛泽东主席的接见。不久之后，白求恩拒绝了八路军卫生部让他留在延安工作的建议，决定到前线去，到中国抗日军民最需要他

白求恩模范病室旧址

的战场去。于是，经毛泽东亲自批准，白求恩来到了晋察冀边区从事救护工作。

白求恩到来后，聂荣臻让晋察冀军区卫生部副部长游胜华协助他的工作，照顾他的生活。在一年多的相处中，游胜华成为白求恩最满意的外科医生之一。而游胜华也从白求恩身上看到了这位国际共产主义战士崇高的精神境界。白求恩夜以继日地工作，用他精湛的医术挽救了无数伤员的生命。此外，他还发动八路军医务人员和当地群众，创办了根据地第一所模范医院，并开办了附属卫生学校，培养医生和护士，为晋察冀边区的医疗工作发展，输送了许多人才。

骨锥

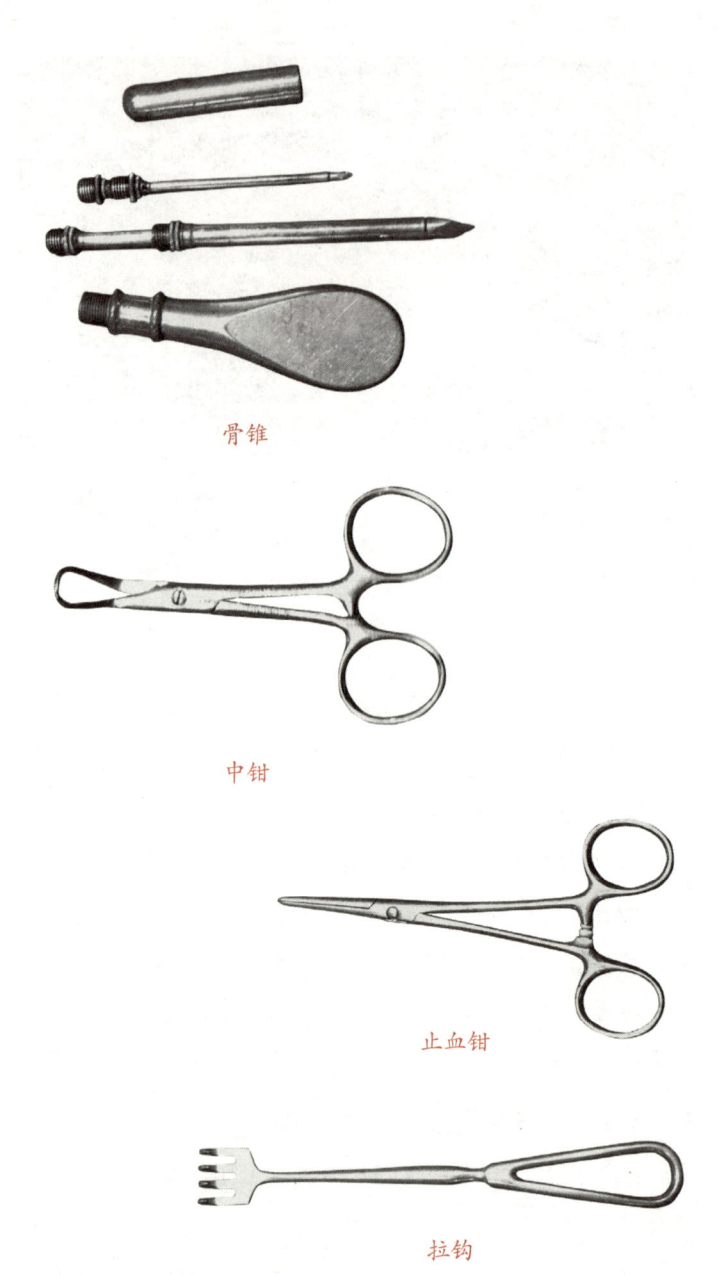

中钳

止血钳

拉钩

"哪里战斗最激烈，哪里有伤员，他就出现在哪里"，这是对白求恩最好的写照。1939年11月，在抢救一名伤员时，白求恩不幸被感染。尽管高烧、病痛相伴，但他依然带病工作，最终因为病情恶化，于11月12日与世长辞。毛泽东主席亲笔写下《纪念白求恩》一文，号召每一个中国共产党员都要学习这位国际共产主义战士"毫不利己专门利人的精神"。

白求恩在遗书中指名留给游胜华8件手术器械，骨锥、中钳、止血钳、拉钩，便是其中的4件。2007年游胜华的子女将这4件器械捐赠给了中国人民抗日战争纪念馆。另有2件捐赠白求恩柯棣华纪念馆，家属自留了2件作为纪念。

74 史沫特莱译《新四军军歌》手稿（英文）

"光荣北伐武昌城下，血染着我们的姓名，孤军奋斗罗霄山上，继承了先烈的殊勋，千百次抗争，风雪饥寒，千万里转战，穷山野营，获得丰富的战争经验……八省健儿汇成一道抗日的铁流……东进，东进！我们是铁的新四军！"这首《新四军军歌》旋律高昂、气势雄壮，歌词更是清晰直白地描写了新四军这支抗日武装力量诞生的故事。

1935年，第五次反"围剿"失败后，中央红军不得不撤出苏区，但还有一些红军留在了根据地，坚持斗争。他们在项英、陈毅等领导下，与敌人展开了艰苦卓绝的游击战争。全面抗战爆发后，经与国民党协商，在江西、福建、浙江、安徽、河南、湖北、湖南、广东8省境内坚持了整整3年的中国工农红军和游击队，正式改编为"国民革命军陆军新编第四军"，由曾在北伐时任第四军独立团团长的叶挺为军长。

新四军成立后，遵照中共中央对抗日战争的战略方针，挥师挺进敌后，开辟抗日战场，创建根据地，并在与日军浴血奋战中，逐渐壮大为华中地区敌后抗战的主要武装力量。1939年，为了鼓舞士气，陈毅以《十年》为题，亲自起草了歌词，描述了从北伐到南昌起义，从井冈山会师到南方八省

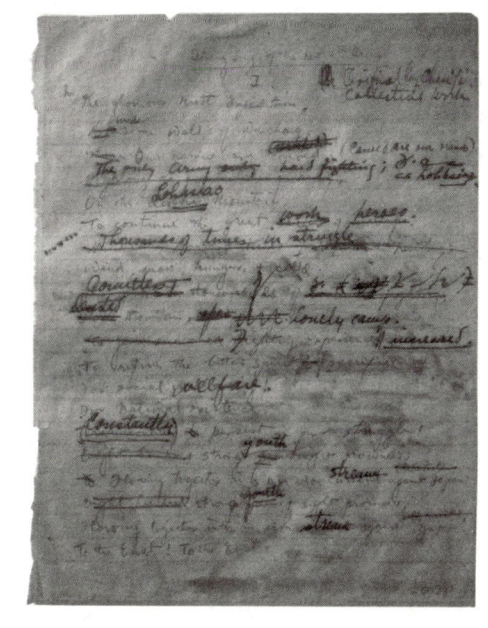

游击战争，直至新四军成立，这支革命武装走过的光辉战斗历程。此后，经叶挺军长、项英、周子昆等军部领导同志集体修改，由新四军文工团作曲家何士德进行谱曲，最终诞生了这首激昂雄壮的《新四军军歌》。

史沫特莱译《新四军军歌》手稿（英文）

这首军歌首先在新四军中传唱开来，继而又在大江南北唱响。无数新四军战士唱着这首歌开赴战场，无数青年听着这首歌投身抗日浪潮。

《新四军军歌》诞生时，美国进步女作家艾格尼丝·史沫特莱正在新四军的军部从事采访工作。在与新四军官兵相处的一年多时间里，这位女记者被广大指战员学唱军歌的热烈气氛所感染，连声称赞这首歌是"时代的强音"，并提笔将歌词译成了英文，许多海内外人士得以通过这首歌的传唱，认识了解新四军。

75 杨靖宇的印章

在通化钢铁公司退休工人柳明章的记忆中,1967年6月的那天,永远是那么深刻。

那一年的他,还是通化县兴林镇的一名普通农民。与往常一样,他扛着农具去庄稼地里干活。正在铲地的他,忽然觉得工具被什么物件给硌了下。

柳明章觉得奇怪,于是用手扒开土,发现那是一件狮子模样的铜物件。充满好奇心的柳明章将这件铜物件带回了家,用清水刷洗干净后,柳明章发现,这似乎是一枚铜印。下部的正方形印台大概1.5厘米见方,上方是一个圆雕的狮子纽。造型细致,栩栩如生,便是连那狮子的神态都活灵活现。只是,大概因为埋在土里年头久了,这印台上的文字,怎么也看不清楚。于是,柳明章想了一个办法,他跑到村里会计那里借来了印泥,在本子上印出了文字。这一印,将柳明章惊呆了。

"杨靖宇印"4个隶书字,让柳明章震惊不已。在东北大地,提及杨靖宇,谁人不知,谁人不晓。这位河南确山县籍的抗日民族英雄,原名马尚德,字骥生。在大革命时期,杨靖宇便投身革命。四一二反革命政变后,杨靖宇不畏白色恐怖,毅然在国民党统治区从事秘密工作。1929年春,根据组织安排,杨靖宇赴东北,任中共抚顺特别支部书记,开展工人运动。九一八事变后,根据党的指示,杨靖宇先后担任东北反日总会的领导工作、中共哈尔滨市委书记、满洲省委委员兼满洲省委军委代理书记等职。

1932年秋,杨靖宇代表省委巡视南满,负责整顿党组织。在团结当地的抗日游击队和义勇队后,杨靖宇在当地组建了中国工农红军第三十二军南满游击队。此后,根据党中央"关于在东北建立党领导下的民族抗日统一战线"等指示,南满游击队扩编为东北人民革命军第一军独立师,杨靖宇任师长兼政委。从那之后,杨靖宇一直战斗在抵抗日本侵略者的第一线。他先后任抗日联合军总指挥、东北人民革命军第一军军长兼政委、东北抗日联军第一军军长兼政治委员、东北抗日联军第一路军总司令兼政治委员等职,领导着广大抗日武装,在东北大地上与敌人周旋厮杀,多次挫败敌人的讨伐,有力配合了七七事变后全国抗日战场上的对日作战。

日本帝国主义由此将杨靖宇和抗联军视为"必须要消灭的抵抗力量",派遣了大批关东军和

杨靖宇的印章

伪满军进行围剿。敌人的重重包围与疯狂进攻，让抗日武装生存的空间越来越小。1939年秋冬的反讨伐作战中，杨靖宇率部辗转于白山黑水之间，与敌人周旋，便是粮绝之后，依然以无比坚强的毅力战斗。

1940年2月23日，杨靖宇孤身一人，在濛江县（今吉林靖宇县）保安村的三道崴子，被日伪军包围。他孤身与敌人战斗，击敌死伤20余人，终因寡不敌众，身中数弹英勇牺牲，时年35岁。敌人残忍地割下了他的头颅，剖开了他的肚子，发现胃里竟是草根、树皮、棉絮，一粒粮食也没有。

经过文史专家的考证，柳明章发现的这枚铜印，的确是杨靖宇将军的办公用铜质印章。它的重见天日，让后来人仿佛又看到了那段艰难岁月里，那个为了民族独立自由解放而浴血战斗的高大身影。

76 百团大战战利品——
日军的挂包

这是一件挂包,为侵华日军所携带的装具。它是八路军"百团大战"期间缴获的战利品。

1940年,是世界反法西斯战争最艰难的时刻。在欧洲战场,德国法西斯出兵丹麦、占领挪威,荷兰、比利时、法国先后投降,英国远征军退回本土,武器损失殆尽。受到德国一系列胜利的刺激,日本帝国主义也决心"彻底解决中国问题"。一方面,他们加强了对国民党投降派的政治诱降;一方面,趁英法在欧洲战场惨败的机会,威胁两国关闭滇缅公路、封锁中越边境,从而达到了切断中国西南方面的国际交通运输线、对中国实施封锁的目的。与此同时,日军还在正面战场上发动了新的攻势,升级了对重庆等大后方的战略轰炸,对国民党政府不断地施加强大的军事压力。

在这样的形势下,国民党内的一些人动摇了,在妥协投降势力的鼓吹下,国民党顽固派将力量由"对外抗日"转移到"对内反共"上,悍然向八路军、新四军发动军事进攻。此时的华北,局势本就十分恶劣,日军通过"囚笼政策"对中国共产党领导下的敌后根据地实施包围、封锁、扫荡,国民党顽固派掀起的反共高潮,更是加剧了抗日根据地所面临的困难。

为了打破这种局面，八路军总部决定出击敌后交通线，给日军华北方面军以有力打击，粉碎了日本企图分裂中国内部、逼迫中国投降的阴谋。

日军的"囚笼政策"是以"铁路为柱，公路为链，碉堡为锁"，正太铁路是其中的重要支柱，为此日军在铁路沿线的城镇、车站、桥梁、隧道等要点，均筑有坚固据点，并配以守备兵力，同时派装甲车日夜巡逻。故而八路军进攻的第一个目标，便是这条铁路线。

1940年8月20日，八路军冒雨进入指定作战位置，并在当晚向正太路全线发起攻击，一场声势浩大的大规模进攻和反"扫荡"的战役就此拉开序幕。在此后的三个半月内，八路军进行大小战斗1824次，毙伤敌人2万余，破坏了474千米的铁路、1502千米的公路，此外还摧毁桥梁213

八路军在百团大战中缴获的日军挂包

座、火车站37个，使得日军控制的正太、同蒲、平汉等铁路线运输中断。

投入这场战役的八路军参战兵力有100余个团，故而被称作"百团大战"。在抗战处于困境、妥协投降空气甚浓时，八路军取得了如此重大的胜利，不仅减轻了国民党正面战场的压力，还有力驳斥了顽固派"八路军游而不击"的谎言，同时中国共产党人也通过这种方式宣誓了坚持抗战到底的决心，极大地鼓舞了全国上下的民心士气，使得妥协投降势力的声音遭到了遏制。

77 雁翎队使用的木船

地处华北平原的白洋淀,面积广阔,鱼米飘香。由100多个大大小小的湖泊组成的淀区内,数以千计的河汊纵横交错,与大清河上下贯穿,连通保定、天津等城市,是重要的水上交通枢纽。然而就是这样一处风光迷人之地,在1937年全面抗战爆发后,便成为日本侵略军的占领区,当地人民惨遭奴役、屠杀,惨不堪言。

八路军开赴敌后战场后,当地人民有了主心骨。在中共安新县委的领导下,白洋淀的猎户、渔民团结起来,组成了一支游击队,利用交错的港汊、遍布的芦苇,与敌人展开周旋,从而拉开了白洋淀游击战的序幕。

这艘长方形的木船,是用渔船改造而成,木板拼接的船底两头上翘,舱内有横撑,两侧有挡板,当地人称这种船为"排子"。当时,游击队员们便经常搭乘着这种小船,穿梭在水面上,隐藏在芦苇丛中,打击敌人运输物资的补给线,巧妙地摧毁敌人的岗哨,甚至深入敌人心脏,除掉罪大恶极的汉奸走狗。这支神出鬼没、来无影去无踪的队伍,因为队员们使用的武器"大抬杆"猎枪,火门上常插着雁翎以防水防雨,而被亲切地叫作"雁翎队"。

雁翎队使用的木船

雁翎队的频频出击，让汉奸伪军惶惶不安，使日军恼羞成怒。他们多次发动"围剿"，可是雁翎队员们个个精通水性、善于操舟，甚至有些时候，头顶一片荷叶，嘴衔一支苇管，便能够在芦苇丛中隐蔽许久。故而敌人的扫荡总是一无所获，反而被雁翎队牵着鼻子团团转。

从1939年成立，到1945年抗战胜利，雁翎队由最初的30多人，发展到了100多人。他们先后与敌人交战70多次，仅牺牲8人，却消灭了近千名敌人，还缴获了大批的武器弹药与军用物资。他们是当之无愧的"水上飞将军"。

78 八路军总部兵工厂造的掷弹筒

抗日战争全面爆发之后,日本帝国主义凭借其优良的武器装备,屡屡对坚持抗战的中国军民形成火力上的优势,在日军配置的诸多轻武器中,掷弹筒威胁最大。这种超轻型曲射武器,不仅能够发射榴弹,还能够发射圆柱形的手雷,加之体积小、携带方便,故而广泛被日军所装备,几乎每个小队(排)都下辖有一个掷弹分队,配置两至三具掷弹筒。关家垴战斗中,日军冈崎大队在被八路军包围后,便是依靠重机枪和掷弹筒形成的密集火力,硬生生地阻挡了八路军的多次冲锋。

这次战斗,让八路军对敌人的掷弹筒有了进一步的认识。尽管在之前的作战中,八路军曾缴获过掷弹筒,但由于作战频繁,它们根本经不起消耗。

单纯靠缴获,肯定不是办法,这种来源太不稳定了。故而在1940年10月,八路军副总司令彭德怀在总结关家垴战斗的经验教训时,特别提出要求,让军工部尽快研制掷弹筒,并让八路军总部给军工部送来一具缴获的日制掷弹筒,以便于仿造工作。

尽管根据地处在敌人的封锁中,材料、设备、技术都极度缺乏，军工生产条件也极为简陋，还需要面对敌人频繁的扫荡，但八路军兵工厂的军工人员，还是克服了重重困难。火炮没有钢铁了，就通过扒铁轨等各种方式进行筹集；没技术，就集思广益，反复试验。炮管需要的无缝钢管要求高，仅仅是将锻造好的钢铁卷成筒形，再锻接黏合起来，质量得不到保障，发射几次后，炮管就会胀裂。于是八路军军工人员想尽办法，将钢铁烧软，锤墩成实心圆柱体，再将中间挖空，加工成炮筒毛坯，这样就保证了炮管的质量。此后，军工人员又开始着手解决掷弹筒内的膛线加工问题、引信问题，用土法将线膛炮改为滑膛炮，将触发引信改为定时引信。最终他们在仿制的基础上，成功地制造出了八路军自己的掷弹筒，生产了大批掷弹筒及配属炮弹，满足了前线作战的需求。

八路军总部兵工厂造的掷弹筒

79 崔振芳在黄崖洞保卫战中用过的军号

在人民军队的序列中,军号有着重要的意义。每每战斗到了关键时刻,随着冲锋号的吹响,人民子弟兵便会义无反顾地向敌人发起排山倒海的进攻。

这把残缺不全的军号,是一场战斗的记忆。它的主人名叫崔振芳,牺牲前是一名优秀的八路军战士。

抗日战争全面爆发的那一年,13岁的崔振芳加入了八路军。这个山西洪洞县的少年,从小家境贫寒但聪明伶俐,所以被安排到了八路军总部特务团的司号班,学习司号通讯技术。在那个通讯并不发达的年代里,军号是人民军队传递命令、进行通讯联络的重要手段之一,只有思想好、觉悟高、素质硬的战士才能够胜任。16岁那年,崔振芳加入了中国共产党,并被分配到了七连,成为一名光荣的八路军司号员。

当时七连的驻地在黄崖洞,包括崔振芳在内的每一个八路军战士都知道,黄崖洞是八路军兵工厂的所在地,军工人员在这里每日埋头苦干,研制、生产武器弹药,供给前线部队。虽然无法到第一线去与敌人做殊死搏杀,但保卫好黄崖洞,就是给抗战前线做贡献,少年崔振芳懂得这个道理。

时间进入1941年，日本侵略者通过各种情报，得知了八路军兵工厂的位置，于是纠集数千重兵，直扑黄崖洞，试图摧毁八路军兵工厂。然而，黄崖洞是八路军彭德怀、左权等总部首长亲自勘察选中的地点，地形极为险要，敌人数次进攻，都被崔振芳和战友们打退。

心有不甘的敌人再次集中兵力，向着八路军阵地发起疯狂进攻。战斗激烈，每一名战士都投入战斗中。为了扼守进入黄崖洞的南口，连长命令崔振芳与另外一名战士爬上陡崖，居高临下向敌人投掷手榴弹。两名小战士依靠险峻的山势，奋不顾身地向蜂拥而来的敌人不断扔下手榴弹，炸得日本侵略者人仰马翻。

战斗一直持续，中途战友受伤，不得不退出战斗，崔振芳就一个人守在这里。整整7天7夜，他一共掷出了100多颗手榴弹，孤身作战的他，最终牺牲在阵地上。

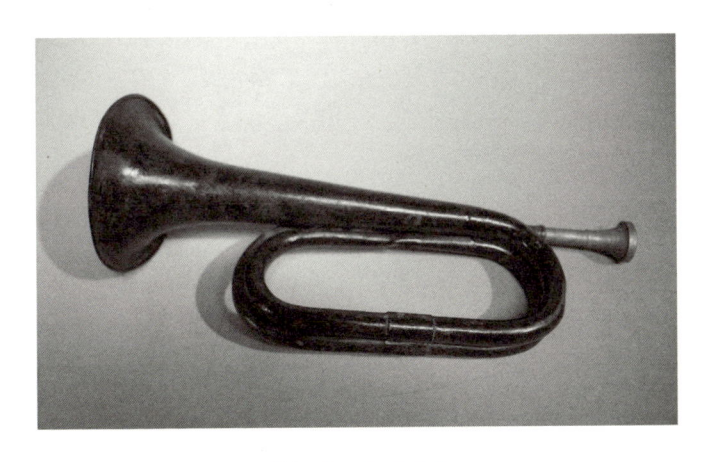

崔振芳用过的军号

英雄的八路军小号兵倒下了,与他一起在阵地上的还有他从来不离身的小军号。人们将这把有些残缺、变形的军号保存了下来,也将八路军战士崔振芳的名字铭记心中。

80 彦涵的"新年画"

1938年的夏天，22岁的刘宝森做出了人生中最重要、最大胆的一个决定——去延安。

刘宝森是江苏连云港人，自幼喜欢美术。1935年，刘宝森进入杭州艺术专科学校就读。然而，在日本侵略者的步步紧逼下，中国虽大，却很难容下一张课桌。就在刘宝森读完预科三年级时，抗战全面爆发，日军进逼杭州，学校不得不向内地迁移。

在撤往长沙途中，怀着抗日救亡之心的刘宝森开始接触进步书籍。他积极通过各种渠道了解延安、向往延安，最终这个原本想去法国留学的青年，徒步奔向了延安，并进入鲁迅艺术学院美术系学习。

当时的延安，物资极为匮乏，美术材料更是短缺。如何用美术文化来支援抗战？人们想起了随处可见的梨木板，于是一场木刻运动在延安悄然兴起。

刘宝森在鲁艺参加了美术系木刻训练班，3个月的学习对他的艺术转型具有重要意义。在掌握木刻技巧的同时，他发现了木刻与自己个性相通的气质。此后，在战火纷飞的年代，他以木刻为主，创作了大量作品，形成了自己鲜明独特的风格，成为解放区"木刻"的代表人物之一。当然，这些都是后话。

1938年秋冬，结束了在鲁艺的学习后，刘宝森参加了八路军，并加入中国共产党。为了能去打鬼子，刘宝森坚决要求上前线，在得到批准后，他作为"鲁艺木刻工作团"的一名普通战士，渡过黄河，穿过日军的封锁线，来到了太行山抗日根据地，开始了一手拿枪、一手拿刻刀的战斗生活。在这期间，刘宝森给自己起了个笔名"彦涵"，据他自己说，是用母亲颜姓的一部分，加上了代表"学问之人"的"涵"字。

在太行山的那几年，彦涵以木刻刀作为武器，创作了大量文艺作品。为了鼓舞广大抗日军民，彦涵四处寻找创作灵感，他看到春节时家家户户张贴的年画，忽然想到，如果将抗战宣传与门神、年画相结合，是不是可以在农村普及起来，将八路军的抗战思想传递给广大农村百姓？

就这样，彦涵巧妙地将民间艺术的文化精髓、传统渊源，与现代艺术、革命现实主义相结合，以通俗易懂的画面取代了以前的繁复画像，用八路军战士、革命英雄取代了传统的帝王将相、才子佳人，创造出了"新年画"。

这些充满革命激情、老百姓一眼能够看得懂的"新年画"，结合民俗传统，宣传根据地风尚，宣扬抗战军民事迹，鼓舞了广大抗战军民的士气。

彦涵的"新年画"

81 赵章成首创曲射、平射两用82毫米迫击炮

1937年，抗日战争全面爆发，随着国民党军队在正面战场上节节败退，华北大片土地沦入日军控制之下。中国共产党领导下的八路军毅然开进敌后，展开独立、自主的山地游击战，并发动依靠广大群众，与日军展开游击战、麻雀战。

中国共产党领导下的八路军、地方武装及民兵武装，给敌人带来了巨大损失，日军因而做出了部署调整。他们建立治安师团，修筑碉堡、炮楼，依托城镇，试图以封锁抗日根据地及频繁的扫荡，彻底解决"共产党武装"。

对于八路军武装来说，敌人修筑的那些炮楼、碉堡威胁最大。因为八路军缺乏摧毁炮楼的火炮，一般的子弹和手榴弹很难起作用，有时候一场战斗打到最关键的时候，敌人就依托着炮楼负隅顽抗，等待援兵。

为了对付敌人的碉堡炮楼，八路军想了各种办法。这个时候，有人提出了疑问，迫击炮可不可以打炮楼？

迫击炮是一种曲射滑膛火炮，有着炮身短、射角大、弹道弧线高、轻便灵活的特点。因为它初速较低、弹道弯曲、射程较近，适合拿来"吊射"遮蔽物后方的目标，并不适合拿来直瞄射击。可八路军没有那种适合直瞄射击的山炮、平

射炮。怎么办？人们又陷入了为难之中。

后来，八路军一二九师炮兵主任赵章成站了出来。他是八路军中的神炮手，当年长征强渡大渡河时，就是他操作迫击炮，连续几发炮弹，将敌人的抵抗瓦解，成功掩护了渡河勇士们冲上滩头。

赵章成想出了什么办法呢？

如今在博物馆内珍藏着一门当年的改制炮。这门炮只有炮管和底盘，没有前支架。原来，赵章成指导八路军总兵工厂，对82毫米迫击炮进行了改制，给82毫米迫击炮尾部增加了400毫米尾管，改炮口装填发射为拉火击发，并将底盘倾斜着地，使炮筒与地平线的倾角保持在5度以下。改装后的82毫米迫击炮，既能曲射，也能平射，具备了步兵炮的功能。

赵章成首创曲射、平射两用82毫米迫击炮

得益于赵章成的这个发明，打击日本侵略者有了更有力的武器。赵章成也因此受到了八路军总部和一二九师的通令嘉奖。

82 晋察冀边区第一届参议会纪念大碗

1943年1月15日至21日,河北省阜平县温塘村的八里沟,一场大会隆重举行,来自晋东北、冀西、冀东、察南等处的288名会议代表聚集在礼堂里,他们每个人都得到了一件会议纪念品——外部写有"民主团结""晋察冀边区第一届参议会纪念""民国三十二年一月制"的大碗。这是当年晋察冀边区民主建政的见证。

晋察冀边区第一届参议会的召开,是一件很了不得的事情,中国共产党人通过这次会议,进一步联合了各党派、各阶级、各民族和各界人士,扩大了抗日民族统一战线,从而团结一致渡过了抗日战争最为困难的时期。这届参会代表既有共产党员、国民党员,还有无党派人士,他们或是军队代表,或是工人、农民,又或者是开明士绅,还有人来自文化界、科学技术界,当然,也少不了妇女代表。他们均是在1940年的民主大选中,被选举出来的参议员。在当时,根据中共中央关于实施"新民主主义宪政"和在敌后建立"三三制"抗日民主政权的指示,晋察冀边区在华北敌后举行了历时3个月的民主大选举,产生了区代表会和区长、县议会和县长、边区参议员、行政委员会委员、全国国民大会代表。

晋察冀边区第一届参议会纪念大碗

就在边区民主建设火热进行时，召开晋察冀边区第一届参议会的时间却迟迟无法确认。

自从全面抗战爆发，中国共产党领导下的抗日武装力量独立自主地积极展开游击战，让日本帝国主义深陷人民战争的泥潭，无法自拔。侵华日军为改变困境，频频对抗日根据地发起大扫荡，实施"囚笼政策""三光政策""蚕食政策"，试图以所谓"治安强化运动""铁壁合围"等策略，摧毁抗日军民的抵抗力与意志力，但每一次都以失败告终。1942年春夏之交，日军又连续发起"四二九""五一"大扫荡。在聂荣臻的领导下，晋察冀军区、晋察冀边区政府及各级抗日政府与武装，均以挫败敌人大扫荡为首要任务，召开晋察冀边区第一届参议会便推迟了。

1943年1月15日，会议正式召开。晋察冀军区司令员兼政治委员聂荣臻出席了大会，并就《边区当前形势和任务》在大会上做了报告。参会代表除了听取晋察冀边区行政委员会主任委员宋劭文做的《边委会五年来的工作报告》外，还投票通过了《政府组织法》《参议会组织法》《租佃债息条例》《统一累进税则》等14个重要法令，并决定以中共中央北方局提出的《双十纲领》作为边区施政纲领。此外，会议还选举产生了新的边委会委员和边区参议会议长。

这次会议的召开，对于晋察冀边区民主建设而言，是一件非常重要的大事，有着里程碑式的意义。正如应邀列席参加会议的燕京大学物理系主任班威廉（William Band）所说："这个参议会是一个理想的实现。"

83 地下交通员吕品三的抗属证、铁箫

1931年九一八事变爆发，自那之后的14年内，为了抵抗日本帝国主义的侵略，无数中华儿女付出了自己宝贵的生命。那些战斗在隐蔽战线上的地下工作者，更是承受了巨大牺牲。

这件铁质长箫，属于一位名叫吕品三的地下工作者，这位优秀的中共党员牺牲于1943年。人们对于他的了解并不多。这份印有"贰等""掖字第52号"等内容的材料，是当时胶东区行政主任公署颁发给其家人的《抗日工作人员家属证明书》，上面记载了他的姓名、年龄、住址、家属等内容，这份证明书上的"吕鸣銮"与"吕品三"皆为他从事地下工作时的化名。

吕锡月是烈士的真实姓名，他是山东掖县（今莱州）人，抗日战争全面爆发之前，就走上了革命道路，先后在青岛、哈尔滨等地从事地下工作。后来按照党的指示，回到山东。由于地处胶东低山丘陵地带的招远矿产资源丰富，尤其是黄金资源藏量很大，1939年2月27日，日军第二次占领招远城后，便控制了玲珑金矿，对招远黄金资源实施疯狂掠夺。为了与敌斗争，吕品三受命在胶东黄金工作委员会的领导下，

采取秘密收购、武装斗争等方式从日军手里夺回宝贵的黄金资源。

战斗是残酷的,敌人不仅在黄金矿区修筑了岗哨,派遣了部队进行守备,还在周围设立了诸多据点,同时成立了黄金稽管大队,对黄金进行管制。为了打破敌人的封锁,地下工作者们想尽一切办法,与敌进行机智灵活的斗争,如组织矿工用石头替换金矿石、将金矿石砸碎了带出来、伏击日军运矿车等,先后从敌人手中夺回了数十万两黄金。

吕品三的抗属证

吕品三的铁箫

敌人为掠夺黄金千方百计地搜捕地下工作者、屠杀罢工的矿工。1943年,吕品三不幸暴露,敌人派出3名特务,假借走亲戚,隐藏在吕品三家所在的村子。6月的一天,吕品三刚刚结束工作,返回家中,就落入了敌人的陷阱,不幸被俘,被押送到山东招远的日军司令部。为了从吕品三嘴里得到有用的情报,敌人对他严刑拷打,但他始终不屈。一无所获的敌人将他装入麻袋，残忍地用刺刀杀害。

　　吕品三烈士倒下了，但更多的胶东儿女站了出来，他们用鲜血和生命作为代价，与敌人继续斗争，直至抗日战争的全面胜利。

84 "汤团行动"卷宗

"汤团投敌了！"1943年4月，一条骇人的大消息在苏中根据地内传开。人们惊得目瞪口呆。

"汤团"是指通海人民抗日自卫团。该部队刚组建没两年，团长汤景延早年毕业于上海东亚体育专科学校，后加入国民党，并在国民党如皋县党部任职，全面抗战爆发后，任海门人民抗日游击总队副总队长、江苏省保安九旅五团少校团副、泰州鲁苏皖边区游击指挥部二纵队中校机炮营长等职。眼下，日伪正对苏中四分区进行全面"清乡"，出动近万人，采用梳篦、拉网式战术，对抗日根据地分进合击，反复搜剿。这汤景延可是看着形势不对头，就投靠日伪了？

这份封面标有"汤"字的卷宗，扉页上用毛笔写着《地委城工部关于配合反清乡斗争汤景延团伪装投敌及暴动的始末》。这份文件为当时的一份总结文件，全部以铁笔在钢板上一笔一画刻出来，再用油印机油印、装订而成。其内容还原出汤景延部"叛变"的真相——原来，为了打破敌人的"围剿"，中共中央华中局、苏中军区制定了一次大胆而又冒险的反"清乡"作战方案，决定利用汤景延原来旧有的复杂关系，让他率部打入敌人内部，待时机成熟，与主力部队里应外合，从敌人内部"破膛而出"。这个"木马计"被陈毅军长形象地称为"汤团行动"。

就这样，1943年4月15日夜，汤景延率部与新四军合演了一场好戏，"叛逃"到了敌人这边，成为汪伪政府的"外勤警卫团"，分驻海门、姜灶港和张芝山一线。自从"加入"了伪军，汤景延每天吃喝玩乐，还大开商行做贸易，十足的

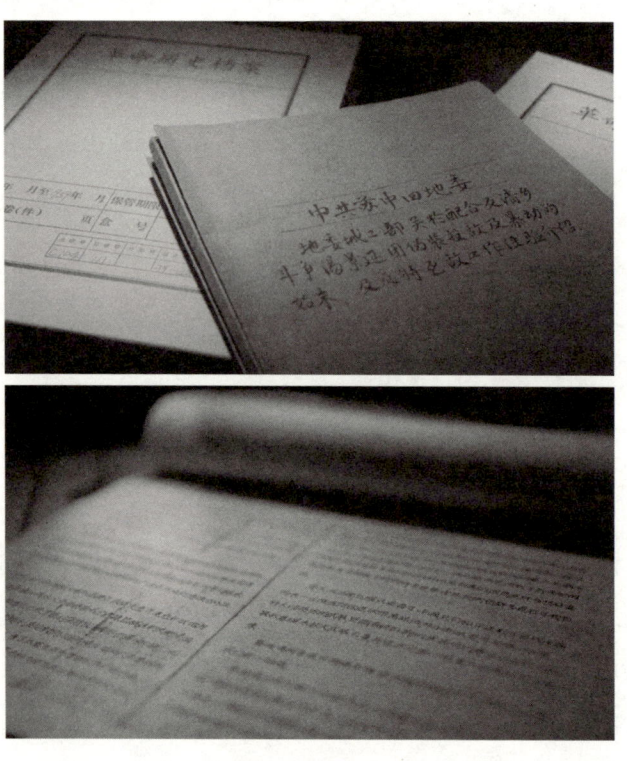

"汤团行动"卷宗

敛财模样。但实际上，这些都是他用来迷惑敌人、给新四军输送物资的手段。

汤景延如此腐败堕落的模样，自然让日伪军很是放心。几个月后，根据上级指示，汤景延率部"破腹而出"。9月29日，汤景延设下酒宴，款待日伪军头目，饭桌上，随着他一声令下，伏兵四起，将敌金沙特工组长翟光耀等多人击毙，同时分驻各地的部队也一同采取行动，摧毁敌人的碉堡、特工站、警察署、区公所，而后带着大批物资，在新四军部队的接应下，返回根据地。"汤团行动"取得了圆满成功。

这份万言卷宗，不仅记录了"汤团行动"的整个过程，也是一位中共党员身处敌营、初心不改的真实写照。

85 彭雪枫和妻子的书信

这些书信,属于一对夫妻,他们是无数中国共产党人中最为普通,但又不平凡的革命伴侣。写信人名叫彭雪枫,是中国工农红军、新四军杰出的指挥员、军事家。他早年就读于南开中学,后从事革命工作。他参加过反"围剿",走过两万五千里长征;全面抗战爆发后,又投身抗日救国的历史潮流中,先后任新四军第六支队司令员兼政委、八路军第四纵队司令员、新四军第四师师长兼政委,被毛泽东主席、朱德总司令赞为"共产党人的好榜样"。

1941年9月,彭雪枫在淮北抗日根据地与淮宝(今属淮安)县委妇女部长林颖结为终身伴侣。由于根据地工作繁忙,婚后第三天,林颖就返回了工作岗位。尽管从淮宝县到新四军第四师师部所在的半城,只隔了一个洪泽湖,但抗战局势复杂、工作千头万绪,两人总是聚少离多,于是书信便成了他们传递彼此爱恋与情谊、了解对方情况的好帮手。

每当战斗取得了胜利,彭雪枫便会在信中与妻子分享喜悦,有时候还会生动描述战斗的经过;有时候,彭雪枫又会在信中向爱人介绍世界反法西斯战争的形势,字里行间充满了对抗战必定胜利的信心;他还会在信中告知妻子,自己最近在读什么书，譬如他在信中说，自己读完《苏联红军战史研究》《译丛补》，目前正在读高尔基的《母亲》，并表示，正准备找人借读托尔斯泰的《战争与和平》。

彭雪枫能文能武，是一位儒将，他写下的每一封信，文字间都充满了感情。在信中，他对林颖的称呼，以及自己的笔名，也充满着诗意，他曾用"红叶""枫""隆中友人""寒霜丹叶"自称，而将爱人称为"楠""极为惦念的群""时刻思念的琼"。信中的每一个字，都写满了这位伟大的共产党人对于爱人的思念，以及对美好明天的向往。

然而，幸福没有眷顾他们。1944年9月11日，在河南夏邑县八里庄反顽战斗中，亲临前线指挥的彭雪枫身中流弹，壮烈牺牲，年仅37岁。

书写在战争年代的家信，也就成了彭雪枫与林颖之间，短短3年多幸福时光的见证，尽管他们聚少离多，但这恰恰是共产党人红色浪漫爱情的最好诠释。

86 日本人民解放联盟延安支部旗

明治维新之后，日本军阀便长期使用武士道、军国主义来灌输教育广大国民，使得当时的日本人，尤其是军人对于战争极为狂热，也丝毫不畏惧死亡，他们甚至认为死于侵略战争是一种忠君报国的行为。卢沟桥事变爆发后，大批经过长期军国主义欺骗教育的日本普通士兵来到了中国，他们烧杀抢掠，无恶不作。面对中国人民的抵抗，他们又认为，如果在战争中成为俘虏，那将是最大的耻辱，还不如自杀殉国。

然而，一些日军俘虏接触到共产党人"不杀俘虏"的政策后，思想逐步发生了转变。对于这些年轻的日本士兵，八路军、新四军干部采取了多种方式，对他们进行教育，除了给予他们生活上的优待、打消他们心中"大概会被枪毙"的顾虑，还耐心地做他们的思想工作，指出日本军阀发动的这场战争是彻头彻尾的侵略战争，是陷日本国民于毁灭的战争。

在广大共产党人的感召下，那些被俘的日本士兵渐渐地认识到这场战争带给中国人民、日本人民的伤害。于是，他们中的许多人做出了决定——与中国人民站在一起，共同反对这场野蛮的战争。

日本人民解放联盟延安支部旗

　　1939年，部分被俘日本军人在中国共产党的帮助下，先后成立了"觉醒联盟"和"反战同盟"。这两个反战团体通过各种方式，协助八路军、新四军实施作战，譬如采集情报、教授日语、参加医疗工作等，甚至还有些日本战俘进入作战一线，对侵略战场上的日军喊话，劝导他们走向光明。

　　随着加入共同反法西斯阵营的日本战俘越来越多，1942年时，"觉醒联盟"和"反战同盟"组成了"在华日本人反战同盟华北联合会"。两年之后，战争局势越发明朗，日本战败只是时间问题，在这样的大环境中，"在华日本人反战同盟华北联合会"正式改组为"日本人民解放联盟"。这个进步组织在中国共产党领导下的敌后根据地共设有21个支部，成员千余人，他们与中国军民并肩作战，以"打倒日本军国主义，争取早日结束战争"为目的，"为建立和平、自由的新日本"而努力斗争。

第四章　全民族抗战的中流砥柱

这面"日本人民解放联盟延安支部"的旗帜，就是那个时代里，爱好和平的中国人民与日本人民并肩作战的友谊象征。

关联

日本籍"老八路"前田光繁使用过的军号

2005年8月15日，抗日战争胜利60周年之际，一位日本老人来到八路军太行纪念馆。他叫前田光繁。1938年春天，年仅22岁的他来到中国，在河北邢台一个叫作双庙的小车站工作。当时，邢台所在的冀中，是八路军活动的主要地区。就在来到这个小车站不到半年，前田光繁被俘了。一开始，他认为被俘是耻辱，于是一心想死。后来，在八路军的思想教育下，前田光繁渐渐醒悟了，在与中国军民共同生活的那段时间内，他慢慢认识到了这场不义的侵略战争，给中国人民造成了怎样的伤害。于是，他做出了一个决定，加入八路军，并参与发起成立了"日本士兵觉醒联盟"，为中国人民的抗战事业做出了贡献。

这一次回到中国，前田光繁将一把军号捐赠给了八路军太行纪念馆，这是他当年在太行山战场与中国人民并肩作战时使用过的军号，珍藏了几十年。临别之时，前田光繁依然念念不忘当年的战斗岁月，毛主席、朱总司令、邓小平政委……那些曾经接见过他的中国共产党与八路军领袖，还有山西、延安那些曾经生活战斗过的地方，仿佛又浮现在眼前。

87 八路军一二九师全体指战员献给中共七大的降落伞

1945年的春天，曾经猖獗一时的日本帝国主义终于走到了穷途末路。在太平洋战场，盟军正步步逼近日本本土；在东南亚战场，日本军队节节败退；而在中国战场，中国共产党领导的八路军、新四军也在不断取得胜利，日本帝国主义陷入人民战争的汪洋大海中，做着最后的徒劳挣扎。持续14年之久的抗日战争终于迎来了胜利的曙光。就在这样的大好形势下，1945年4月23日，中国共产党第七次全国代表大会在延安杨家岭中央大礼堂隆重召开，547名正式代表、208名候补代表，代表着全国121万名中国共产党人参加了这次盛会。为了庆祝这次大会的胜利召开，各根据地、部队都送来了贺礼。这顶奇特的降落伞，就是八路军第一二九师送来的贺礼。

这顶降落伞是1939年10月16日，晋冀豫军区第二军分区部队在山西省昔阳县安丰镇击落日军一架飞机时缴获的。它由日本藤仓工业株式会社于1938年11月制造。一二九师的指战员在降落伞上绘制了精美的图案，用以纪念一二九师的光辉战绩。降落伞上的图案由伞边的长城与火炬图案带、伞顶舵轮图案和伞中部七组绘画及文字构成。为了将1937年8月至1939年10月间，八路军一二九师在刘伯承、邓小平领

八路军一二九师全体指战员献给中共七大的降落伞

导下所取得的主要战绩展现出来，创作人员用近似连环画的方式，生动展现了一二九师勇猛无畏的"神头村战斗"、智胜敌人的"响堂铺战斗"等著名战斗。此外，为了更清晰地说明战斗发生的地点、取得的战果，创作人员还绘制了晋冀地区的地图，就连铁路线和重要城市也清晰标注出来，那些红色的标记，便是一二九师取得战斗胜利的地点。地图的一侧还有文字说明，记录了"抗战以来本师所获的几个较大的胜利"：阳明堡——烧毁敌机二十二架；神头村——消灭敌骑兵二千余名；响堂铺——烧毁敌汽车一百八十辆；长乐村——伤亡敌二千三百名；香城固镇——敌快速部队二百余全部消灭，夺炮五门；昔阳安丰村——步枪击落敌巨型战斗机一架……

由于是献给中共七大的贺礼，降落伞上还画了一颗红色五角星，内绘镰刀、锤头交叉组成的党徽图案，左右则写有文字"以坚持敌后抗战的胜利来庆祝中共第七次全国代表大会"。

这件创作主题鲜明、立意高远的绘画作品，因为创作年代和创作原料特殊，具有很深刻的寓意。它是艰苦抗战中，八路军坚持敌后作战、顽强抵抗日本侵略者的真实写照。

第五章

民主革命胜利的曙光

88 皮定均写有《中原突围经验总结》的日记本

这件纸质文物，因为年代久远，部分书页脱线了，缺角了，甚至被虫蛀了。翻开封页，那钢笔书写的内文，一字一句，都记载着解放战争爆发之初，那场惊心动魄的突围行动。这是1946年"中原突围"将领皮定均日记的一部分。

1946年6月，国民党调集大军将中原解放区团团包围，内战已是一触即发。中原军区部队5万多人，被敌人包围在平汉铁路以东，以宣化店为中心的罗山、光山、商城、经扶（今新县）、礼山（今大悟）之间的狭小地区内，情况极为危急。

而此时，敌人又进一步增加了进攻力量，使得兵力达到了10个整编师约30万人马，由郑州"绥靖"公署主任刘峙统一指挥，计划于6月22日前完成攻击准备。面对这种危急局面，党中央果断下达指示——中原部队向西突围。

然而敌众我寡，又处于包围之中，该如何突出重围？唯有留下一支部队作为掩护，拖住敌人、迷惑敌人，让敌人不能判断主力突围的方向。但这样一来，掩护部队不仅会陷入敌人的重围中，而且还需要在任务完成后，自行突围，很有可能会蒙受重大损失。谁来担负这个艰巨的任务呢？经过深思熟虑，上级想到了皮定均。

皮定均，安徽金寨人，15岁就参加了革命，从战士做起，历任红军连指导员、营教导员、八路军第一二九师特务团团长、豫西抗日游击支队司令员等职，如今刚刚30岁出头的他是中原军区第一纵队一旅的旅长。

领受任务后，为了完成迷惑和牵制国民党军队、掩护主力部队向西转移的重任，皮定均决定采用疑兵之计，他让部队白天故意向东行军，晚上则折回驻地，诱使敌人做出了中原军区主力向东突围的错误判断。而在主力突围之后，皮定均又坚决抗击敌人的进攻，迟滞敌人前进，为主力部队成功越过平汉铁路赢得了宝贵时间。

主力走了，皮定均与第一旅的指战员们开始考量自己的突围计划。如果部队也往西走，势必敌人会跟着走。经过考虑，皮定均与战友们做出了决定：部队向东突围，到苏皖解放区去，和华中兄弟部队会师！

选择这个方向突围，路线与主力部队背道而驰，也意味着第一旅将一头扎向敌人的包围圈，很有可能会付出惨重伤亡。对此，皮定均在日记中做出了这样的回答：我认为死在我们面前摆着，是不可怕的，只要对人民有利，对党有利，我们的一切只要用在人民之利益之上，抛弃一切，乃至生命，都是值得的。

从做出决定的那一天起，第一旅的战士们就坚决支持旅长、旅党委的决定，他们跟着皮定均一路向东，突破敌人的层层封锁，经过一次次战斗，冲过津浦铁路，跨过皖中平原,耗时24个昼夜,横穿豫、鄂、皖三省,终于与华中军区新四军胜利会合。而出发时,部队的7000多名指战员也几乎没有受到损失,保持着完整建制,创造了一个奇迹。

"我们终于完成了党给我们的光荣任务,而且我们没有任何的损失。"突围胜利后,皮定均在日记中无比高兴地写道。这位青年将领此后又随华中军区的兄弟部队开赴新的革命战场,为新中国的诞生立下了赫赫战功。

89 "毛泽东号"（JF-304号）蒸汽机车

1946年，全面内战正式爆发，国民党军在中原、华东、西北及东北等多个方向，向解放区发动全面进攻。位于山海关外的东北大地，更是国民党军进攻的重点之一。为了粉碎国民党在东北"南攻北守、先南后北"的战略计划，东北民主联军决定采用"南打北拉、北打南拉"的战略，通过"运动防御"与"主动出击"相结合的方式，来打击敌人。可这给了后勤保障运输很大的压力。

就在这时，哈尔滨机务段的工人在哈尔滨到满洲里铁路上的肇东车站，发现了一台千疮百孔、破烂不堪的报废机车。当时的中国，没有火车制造能力，东北大地上奔跑着的机车，大多是美国公司为满铁设计制造的货运机车，后来也有一些是川崎、日立、满铁等日本工厂制造的机车。这台2-8-2轴式机车，加上煤水车总重155.42吨，构造速度大约是80千米/小时。如果能够将这台机车修复，便可缓解铁路运力不足的困难，于是，党组织发出了号召，决心"死车复活"。根据这一号召，哈尔滨机务段的工人们下定决心，一定要修复这台机车。

尽管困难重重，但耗时27天，工人们最终还是在10月

"毛泽东号"（JF-304号）蒸汽机车

30日，修复了这台机车。为了表彰广大铁路工人，经上级批准，这台在解放战争隆隆炮火中被修复的机车，被命名为"毛泽东号"。这台重新披挂上阵的"毛泽东号"机车，从此投入人民解放战争的战场，承担起运送部队和战争物资的任务。

解放军打到哪里，铁路修到哪里，"毛泽东号"就开到哪里。在这样的口号中，这辆英雄机车冒着枪林弹雨，飞驰在铁路线上，一次次圆满完成任务，为解放事业立下了汗马功劳。1949年，"毛泽东号"机车跟着解放大军入关，来到了北京，留在了丰台机务段，正式编入北京铁路分局的机车序列。

两年之后，根据铁道部的命名规则，以注音符号为蒸汽机车命名，2-8-2轴式机车被定名为"ㄇㄎ"型（MK型），"毛泽东号"的编号也就成了"ㄇㄎ1-304号"。1959年，改用汉语拼音命名时，"ㄇㄎ"型又改称为"JF"型（解放型）。从此这辆改名为"JF-304号"的"毛泽东号"，在国民经济发展中，开始了新的征程，成为铁路系统多拉快跑、安全行车的一面旗帜。至2000年10月30日，"毛泽东号"机车已跨越了蒸汽、内燃、电力机三个时代，安全行驶1138万千米，被誉为"机车领袖"和"火车头中的火车头"。

90 华东野战军在鲁南战役中缴获的美 M3A3 式轻型坦克

2019年，在庆祝中华人民共和国成立70周年阅兵式上，人民解放军的新型主战坦克隆隆驶过长安街，吸引了无数人的目光。然而，许多人不知道的是，在新中国成立之前，人民军队的坦克只能依靠国民党的"补给大队"主动"送"上门来。

这辆美国制造的M3A3式"斯图亚特"轻型坦克，重不过10多吨，火炮口径也只有37毫米，但却是国民党发动内战的重要依仗。这辆坦克，不仅见证了人民坦克部队的发展过程，还记录了一段有趣的故事。

1946年全面内战爆发后，国民党军向华东解放区、山东解放区发起全面进攻。人民军队在苏中地区取得了"七战七捷"等一系列胜利，之后为了拉散敌人，而大踏步地向后退却，同时寻找战机，大规模地歼灭敌人有生力量。1946年底，在宿北战役损失了整编第六十九师后，国民党徐州绥靖公署又以整编第二十六师主力及第一快速纵队集中在枣庄至临沂公路两侧，试图向鲁南解放区首府临沂进攻。

整编第二十六师的师长马励武认为，自己的部队装备精良，很有战斗力，又配属了机械化的第一快速纵队，更是如虎添翼，"共军"绝不会啃自己这个"硬骨头"。根据中央军委"集中主力歼灭鲁南之敌"的指示，陈毅与粟裕偏偏就选择了马励武所部，作为鲁南战役的第一个目标。

感觉到有些不对劲的马励武一方面命令部队就地构筑工事，一方面派兵向北、向东搜索。结果没有发现任何异常，加上眼看着快到1947年元旦了，于是敌人居然开始准备过年。在这个时候，陈毅、粟裕领导下的华东野战军正式发布峄东战役计划，命部队秘密进入集结地域。

元旦上午，没有任何动静，敌人以为近日无战事，放松了警惕，他们开始杀猪宰羊、耍狮舞龙，日夜鞭炮锣鼓喧天，马励武也擅离防地，前往峄县过年。战斗就在1月2日晚10点打响了，华东野战军一开始就向敌人发起了猛烈进

华东野战军在鲁南战役中缴获的美M3A3式轻型坦克

攻，并迅速完成了对敌整编第二十六师、第一快速纵队的战役合围与部分的战术分割。

马励武彻底失去了对部队的掌握，战斗到4日，他的整编二十六师大部分已经被歼灭了，残部在第一快速纵队的支援下，开始展开突围。然而敌人的坦克虽然厉害，可从4日这天起，就下起了大雨，在华东野战军的猛打猛追下，根本发挥不出什么作用，除了几百人与少辆坦克逃到峄县外，其余全部被歼灭。

就在敌人匆忙开始组织峄县的防御时，华东野战军已经兵临城下。这个时候，马励武又做出了一个愚蠢的决定，他将坦克部署在城门楼上作为火力点，结果在人民军队的进攻下，不仅峄县很快被解放，他本人也成了俘虏，此役还缴获了汽车、火炮等大量武器装备，其中缴获坦克24辆。

依托在鲁南战役缴获的这些坦克等装备，华东野战军组建了华野特种兵纵队，并在此后的济南、淮海等战役中立下赫赫战功。

91 飞雷炮

火炮是战争之神,是一种实施火力支援的重型武器。人民军队创建之初,长期缺乏火炮,只能依靠缴获,但因来源极为不稳定,数量也少,弹药的补充很成问题。

敌人深知解放军火力不足,故而在遭到打击时,往往就地展开防御,构筑坚固工事,通过各种地堡、碉堡、交通壕沟相通联,形成火力密集的防御阵地。在作战中,由于缺少火炮,人民军队的进攻往往会遭到敌人这些火力点的压制,不得不采用爆破队员携带炸药包直接面对敌人坚固设防的阵地、火力点的方式实施逐次爆破。这种方式,不仅耗时较长,而且爆破队员往往会付出重大牺牲。为了改变武器装备处于劣势、爆破只能靠人工的状况,人民子弟兵们开始思考,如何解决火炮不足的问题。

通过土办法上马,在残酷而激烈的战争中摸索,解放军指战员们运用简单的物理原理,最终发明创造了这种令敌人丧胆的武器——飞雷炮。

飞雷炮,是用汽油桶做炮管的炸药包发射器,是利用火药的推力将炸药包推射出去的自制武器。最初,飞雷炮只是在地上挖一个深坑,但这个坑须是筒状,还得朝着目标方向

飞雷炮

倾斜，四壁的土需要拍结实。作战时，先在坑底铺放黑火药，然后安放捆扎成圆盘形的炸药包，在点燃黑火药的同时，点燃炸药包的导火索。于是火药在筒状土坑相对密封的环境内，产生膨胀推力，将炸药包推送出去，飞到敌人阵地上爆炸。

但这种方法多是临时挖坑，而土坑对坑壁直径、药室容积、倾斜角度等方面的技术要求很高，需要计算好距离、火药用量、炸药包的大小等，一旦把握不好，就会带来很大的不确定性。经过摸索，有人想到了洋铁桶，这种用来装汽油的铁皮桶不仅密封性较好，而且直径和容积相对固定，基本不需要什么大的改动,就能够将10千克的炸药包抛射到150米到200米的距离。

这种汽油桶改装的自制武器虽然射程有限,精度不足,稳定性也不够,但威力巨大,桶有多粗,炮的口径就有多大,弥补了解放军重火力的短缺,被战士们亲切地称作"飞雷炮",而敌人则叫它"没良心炮"。自从有了这种武器,解放军在进攻作战时候,敌人的筑垒、铁丝网、鹿砦等防御手段都能被摧毁,而敌人再也不敢依托"坚固阵地"负隅顽抗了。

92 钱树岩的关金券

在江苏徐州，繁华的市中心商业区有一条文亭街，街巷深处，有一座鲜为人知的"道台衙门"。民国建立时，废徐州府，改为徐海道，这"道台衙门"便是当时管理原徐州府诸县和海州（今连云港）诸县的衙门所在。它亲历了近代中国诸多历史事件——辫子军张勋将此地作为大帅府，李宗仁带着第五战区司令长官部在此指挥台儿庄战役，后来汪伪的淮海省政府也设立于此。抗战胜利后，这里又成为国民党徐州绥靖公署的办公地。

1946年，徐州绥靖公署招聘文书，党组织派遣地下党员钱树岩借机打入敌人内部。通过考试后，钱树岩任职绥靖公署军务处少尉司书，开始了敌营潜伏任务。因工作岗位特殊，来往徐州、南京及下属部队之间的文件都需要经过钱树岩之手，他得以接触到大批国民党的重要文件，其中不乏密件、机密件、绝密件，甚至是绝对机密件。这些文件囊括国民党各兵团、整编师、驻地情况，以及兵力统计、团级以上军官名册、作战计划等，钱树岩秘密记录下来，再通过特殊渠道送出去。譬如第九战区司令长官薛岳接替顾祝同就任徐州绥靖公署主任，新官上任，"第一号训令"下达的是《剿匪手册》，文件尚未发出，便被钱树岩通过联络渠道，交给了徐州工委。

1947年3月，徐州绥靖公署改为陆军总部徐州司令部，顾祝同以陆军总司令的身份再次坐镇徐州，开设郑州指挥所，统辖指挥对华东野战军、冀鲁豫野战军的作战。这一天，总司令部第一处（军务处）处长许午言直接给钱树岩交办一份急件，是陆军总部徐州司令部所属部队的部署情况，钱树岩寻机将这份极为重要的文件偷偷抄写下来，并转交联络员。这份情报后来被一字不漏地发给了华野总部、晋冀鲁豫军区，继而又转报给军委。这份极为重要的战略情报，在刘邓大军千里跃进大别山的作战中，发挥了极为重要的作用。

几个月后，钱树岩收到了一封信，信封里装着一张关金券。这种纸币本来是海关收税的计算单位，但是由于国民党政府财政的混乱，1942年起进入流通，成为当时与法币并行流通的货币。回到家后，钱树岩通过在纸币上涂抹碘酒等手段，发现

钱树岩的关金券

原来这是一封秘密的嘉奖函,是中央军委给予他的嘉奖。为了不暴露,用米汤书写,在碘酒下便会浮现出文字来。

收到这份来自中央军委的嘉奖,让奋战在龙潭虎穴中的钱树岩激动万分。白色恐怖笼罩的岁月里,支撑着他这样的隐蔽战线工作者们,在敌人心脏持续战斗下去的动力,是对共产主义坚定的信仰以及对美好明天的向往。

93 东北野战军十九团一连 在锦州战斗中的登城旗帜

1948年秋,解放战争的局势越发清晰起来,胜利的天平向着人民彻底倾斜。为了打败国民党反动派,中共中央决定与敌人展开战略决战,方向首先指向了东北战场。

此时的东北,在经过"三下江南""四保临江",以及1947年的夏、秋、冬季攻势后,人民军队已经掌握了主动权,东北的国民党军队收缩在长春、沈阳和锦州三大"孤岛"内,负隅顽抗。为了彻底地将敌人消灭干净,根据党中央、中央军委、毛主席的指示,东北野战军决定发起夺取锦州战役,对东北之敌实施"关门打狗"。

锦州,地处辽西走廊东端,南临渤海,北依松岭山脉,是连接(山海)关内外的战略要地,又是北宁路(北平到沈阳)这条铁路动脉上的咽喉。故而,国民党军也极为重视这座工业城市的防守。他们以东北"剿总"副总司令范汉杰坐镇锦州,统辖卢浚泉第六兵团的4个军、14个师,驻防在义县至秦皇岛一线,重点防御锦州,以确保这一联系关外与关内的交通枢纽。

9月12日,东北野战军挥师南下,拉开了辽沈战役的序幕。在横扫绥中、兴城、义县等城后,东北野战军又扫清锦州外围，进一步压缩了对锦州之敌的包围。面对人民军队的凌厉攻势，国民党军队依然做困兽之斗，他们不肯放下武器，决心利用城墙体系做最后的挣扎。

总攻锦州的时间定在了10月14日，东北野战军第三纵队担负着城北突破的任务，纵队司令员韩先楚将主攻任务交给了邓岳的七师。

14日上午10时，万炮齐发，整个锦州处于硝烟烈火之中。人民军队向锦州发起了总攻，勇士们在炮火的掩护下，奋勇向前。七师进展极为顺利，所属十九团在李成华团长的指挥下，节节突破敌人的阻挡，作为尖刀连的一连更是冲在最前面。尽管敌人发疯一样倾泻着子弹、炮弹，但一连指战

东北野战军十九团一连在锦州战斗中的登城旗帜

员们毫不畏惧，他们紧跟在旗手黄德福身后，随着这面战旗一直向前……

面对人民军队的强大攻势，敌人的防御终于瓦解了。在这面旗帜的引导下，十九团一连的战士们率先破城，敌人号称"铜墙铁壁"的锦州，仅仅31个小时，就彻底落入人民手中。通往关内的大门被东北野战军彻底封闭，困守在黑土地上的国民党军队插翅难逃……

94 董力生支前运粮用的独轮车

1945年，中国人民付出重大牺牲，终于迎来了14年抗战的伟大胜利。然而，苦难的中国并未就此远离战火。尽管中国共产党人以最大诚意，来为这个国家谋求和平，毛泽东主席亲赴重庆，与国民党政府进行谈判，并签署了"双十协定"，试图以对话方式解决一切争端。但蒋介石为首的国民党反动派，却在1946年6月26日，悍然撕毁停战协定，对解放区发动了进攻，全面内战就此爆发。

尽管敌人总兵力有数百万之多，占据绝对优势，但中国共产党是为中国人民争取明天的，它所领导的革命军队是人民的军队，因此获得了广大人民群众的坚定支持。在解放区，老百姓不仅积极参军，还踊跃加入支前，为前线战斗的指战员们送去粮食。

这架独轮车的主人名叫董力生，她是一个朴实的苏北劳动妇女。1943年，这个江苏赣榆（原竹庭县）的普通农家女子就加入了中国共产党。解放战争中，她积极参加支前工作，是赣榆县担架团4000多名民工中唯一的女性。在孟良崮战役中，她表现突出，被授予"担架英雄"光荣称号。

1948年11月，解放战争已进入战略决战阶段，人民解

董力生支前运粮用的独轮车

放军向盘踞在徐州、蚌埠一线的国民党重兵集团发动了全面攻势,董力生又一次推着独轮车出发了。与她一样,数以万计的普通群众坚定一条心,跟着共产党走,他们从四面八方涌来,汇成滚滚洪流,随着人民解放军的战线向前推进。

在广大劳动人民的支持下,华东野战军、中原野战军迅速出击,与国民党7个兵团、2个绥靖区、34个军、86个师,共约80万人在东起海州(今连云港),西至商丘,北到临城(今枣庄市薛城),南达淮河的广大地区展开决战,并最终取得了决定性的胜利。这场伟大的胜利,不仅一举消灭了国民党在长江以北最为庞大的战略机动兵团,使长江中下游以北的广大地区获得解放,还为人民解放军发起渡江战役进而解放全中国奠定了坚实的基础。

前方战士奋勇杀敌,后方百万群众踊跃支前,军民齐心,才有了这场伟大的胜利。后来,陈毅元帅深情地说道:"淮海战役的胜利,是人民群众用小车推出来的。"

这辆独轮车,不仅是那场人民战争的亲历者,也是对"得民心者得天下"这句名言的无声阐释。

95 北平城门钥匙

在中国古代,一座城池的防御,由多重体系组成,除修筑城墙、构筑城楼外,更注重城门这一进出通道的防守。若是在战争中,攻城方夺取了城门,也就意味着距离胜利不远了。

这串钥匙,是北平城(北京)的城门钥匙,共有10把。大部分钥匙都配有一个小木牌,上面标写着号牌和地名,依次为:第壹号、西直门车站;第贰号、西直门站台北;第叁号、西直门前;第肆号、西直门站台;第伍号(无木牌及说明);第陆号、复兴门;第柒号(无木牌及说明);第捌号(无木牌及说明);第玖号、阜成门;第拾号、西直门。而这10把钥匙中,除了没有木牌及说明的伍、柒、捌号为中式样式,其余7把均是西洋风格,若是留意,还能发现,钥匙的正反面还有老鹰图案及英文CHIEF。

这10把北平城的城门钥匙,原为国民党北平守军掌握。1948年秋冬,解放战争进入战略决战阶段,辽沈、淮海两大战役的胜利,歼灭了国民党反动派的大量有生力量。与此同时,人民解放军又发动了平津战役,在取得了新保安、张家口、天津等战斗的胜利后,北平已成一座孤城。国民党华北

"剿总"司令傅作义及20余万北平守军被人民解放军重重包围,插翅难逃。

为了保护北平这座古都,中共中央、中央军委决定以和平方式,解决北平问题。但考虑到,平津战役发起时,人民解放军平津前线司令部就已与傅作义的代表就和平解放平津的问题做过多次谈判,天津依然是以武力方式解决,故而人民解放军也同时命令前线部队做好攻城准备。

1949年1月14日,中共中央主席毛泽东发表了《关于时局的声明》,提出了与南京政府及其他国民党地方势力、军事集团进行和平谈判的八项条件,加之北平地下党的耐心工作、北平开明人士的劝导,傅作义终于认清形势,决心站到人民这边来。1949年1月19日,人民解放军与傅作义签订《关于和平解决北平问题的协议》。次日,北平守军按照这份协议撤离城区,前往指定地点接受改编。1月31日,人民解

北平城门钥匙

放军第四十一军正式接管北平防务，开始执行警备任务。在换防时，原北平守军将这串钥匙交给了人民解放军，象征着北平防务的正式移交。

就这样，北平，这座历史悠久的文化古城得以免于战火，这是中华民族的一大幸事，也是那些为和平解放做出巨大贡献的人们，毕生的骄傲。

96 解放太原城的功勋炮

1949年，解放战争已经进入最后的决胜阶段，人民解放军在已经结束的辽沈、淮海、平津三大战役中，基本消灭国民党军队的主力，敌人在长江以北几乎再无机动兵团可以使用。这时候，依然困守在太原城内的国民党残部就显得格外刺眼。为了早日解决这股敌人，将太原解放，使之回到人民手中，人民解放军决定对太原发动总攻。

此时的太原，已经处在人民军队的包围中长达数月。之所以太原战役如此旷日持久，与太原险峻的地理环境，以及中共中央对华北地区的整体战局节奏把握有关。这座城市位于汾河河谷之中，东、西、北三面群山合抱，整个地势北高南低，呈簸箕形，地势险峻，易守难攻。加之太原又是阎锡山的老巢，他在此经营数十年，尽管临汾之战后，这位"山西军阀"的嫡系部队已被人民解放军消灭过半，但他依然想要依托太原，与人民对抗到底。

为了死守太原，国民党军充分利用地理优势，修筑了非常坚固的城防工事，还依托太原城内的兵工厂、仓库，囤积了大批的军火物资，并充分利用日本投降后阎锡山收留的日本战犯作为依仗，做垂死挣扎。

解放太原城的功勋炮

党中央将太原战役的指挥权交付给了徐向前。从1948年10月5日开始,人民解放军正式发动了太原战役,激战至16日,不仅突破了敌人在城南、城北的第一道防线,还在第二道防线上打开了缺口。此后,又接连控制了东山等阵地。在激烈的战斗中,国民党军的负隅顽抗也给解放军带来了很大伤亡,加之此时平津战役即将发起,于是11月16日,中央军委发来指示:缓攻太原,转入就地休整,对敌展开政治攻势。从那天之后,人民解放军开始对太原实施围困,同时展开政治工作。

转眼进入1949年,平津战役结束之后,太原的解放也只是时间问题了。2月15日,阎锡山见大势已去,于是乘飞机逃往南京。这时太原守军仍有6个军17个师。4月20日凌晨,在渡江战役发起前夜,人民解放军对太原城发动了总攻。各种火炮向着敌人的阵地发射出如雨般的炮弹。

这门当年参战的榴弹炮是日本制造,可以用汽车牵引,伴随机械化作战。它是抗日战争时期八路军缴获的战利品,在解放太原的战斗中,表现出色。尤其在对太原实施封锁时,这门火炮通过对敌机场实施炮击,摧毁多架敌机,从而切断了敌人从空中向太原运输增援部队的通道。由此荣获"英勇命中、连毁敌机"锦旗,并被誉为解放太原功勋炮。

依托着强大的炮火掩护,人民军队的强攻仅仅进行了4天,便在24日攻克太原城。太原战役共歼灭敌军13万余人。山西——这片被晋系军阀盘踞压榨数十年的土地,从此迎来了新生。

97 "京电号"小火轮

"钟山风雨起苍黄,百万雄师过大江。虎踞龙盘今胜昔,天翻地覆慨而慷。"毛泽东以一首《七律·人民解放军占领南京》,盛赞了人民解放军胜利渡过长江的伟大胜利,揭示了解放南京的重大意义。一个旧时代正在落幕,新的时代即将到来。在那个伟大的历史时刻,又有哪些鲜为人知的故事呢?

这艘钢质蒸汽机动船,长不过23.1米,宽4.25米,总吨位41.1吨,它是人民解放军胜利解放南京的见证者与亲历者。1949年春天,渡江战役发起前夕,国民党军试图依托长江防线阻止人民解放军渡过长江,从而达到他们划江而治、分裂中国的目的。为了巩固江防,沿江国民党军在江岸边密集构筑各种工事,并派出海军对江面实施封锁。此外,在下达"封江"命令后,他们还扣押及毁损了几乎所有的渡江船只。

4月20日午夜,中国人民解放军遵照中共中央军委命令,正式发起渡江作战。中突击集团率先在芜湖以西江面发起进攻;次日晚间,东、西突击集团也发起渡江作战,国民党军的千里江防在人民解放军的百万雄师面前全线崩溃。22日中午,国民党决定放弃南京,全线撤退。

敌人跑得太快，原先计划接管南京至芜湖的第二野战军陈赓第四兵团尚在江西湖口至安徽皖江地段，一时间赶不到南京，怎么办？总前委决定由配属第八兵团作战、负责在江北牵制敌人的第三十五军进驻南京。此时，第三十五军刚完成了江浦、浦口、浦镇的战斗，解放了南京江北地区。接到命令时，手中没有一艘渡船，怎么办？

　　为了解决渡江无船的困难，第三十五军立即派出侦察员四处寻找船只。在当地群众的帮助下，一〇三师和一〇四师侦察员分别找到了几只幸存的小船。傍晚时分，一〇三师侦察员乘小船抵达南岸下关码头，来到下关电厂寻求帮助。"京电号"小火轮是下关电厂用来运送煤炭的，听说解放军要用船，留守工人立即给位于新街口的厂办事处打了电话调

"京电号"小火轮

第五章　民主革命胜利的曙光

集船工，办事处用吉普车将6名船工迅速送到下关。船工们齐心合力，为小火轮升火升压、发动引擎，随后开往江北迎接解放军。

　　几乎与此同时，一〇四师侦察员也乘小船来到南岸，找到下关轮渡所。轮渡所的工人把尽力保护下来的"凌平号""昌平号"拖轮升火发动后，开往江北渡运解放军，随后又找来一艘趸船和火车轮渡，大大增强了渡运能力。至第二天清晨，越来越多的民船、商船自愿加入了渡运解放大军的行列。

　　红旗插上了总统府，南京回到了人民的怀抱。而"京电号"的历史使命并没有就此结束，此后它又运送邓小平、陈毅等指挥员渡过长江，指挥部队追歼残敌。南京解放后，它又回到自己原先的工作岗位上，继续为下关发电厂运输煤炭，默默保障着南京城的电力供应。"京电号"小火轮后又在淮南、连云港等地服役，2009年，经多方共同努力，南京征集购回了这艘船，陈列于渡江胜利纪念馆。

98 红岩英烈的"狱中八条"

1948年,解放战争已经进入战略反攻阶段,随着国民党在战场上节节失利,在统治区内对共产党人与进步青年、民主人士的迫害也越发疯狂。在敌人最后的疯狂面前,地下工作者们面临的危险越来越大,战斗也越来越残酷。

这年4月,中共地下党重庆市委机关刊物《挺进报》被敌人查获,国民党特务顺藤摸瓜采取抓捕行动,重庆市委书记(分管工人运动)刘国定、市委副书记兼组织部长(分管学生运动)冉益智先后被捕并叛变,中共川东地下党组织遭受了严重破坏,重庆市委的大批党员干部被敌人逮捕,除少数人叛变或脱险外,大部分革命志士后来都被敌人杀害。更为严重的是,这次大破坏甚至波及了川康、上海、南京的地下党组织,许多同志在胜利前夜被捕牺牲,党遭受了极大的损失。

教训实在太深刻了。那些被捕关押在白公馆、渣滓洞中的共产党人在忍受敌人严刑拷打的同时,仍不忘总结经验教训。从情况搜集到征求狱友意见;从总结教训,再到形成意见。在牺牲前夜,他们约定,如果最后有人能够活下来,一定要向党汇报和提出建议。

1949年11月27日，在重庆解放前夜，这些革命志士绝大部分在敌人的大屠杀中倒下了，幸存者按照当时的约定，肩负了向党报告的最后嘱托。最终，由罗广斌执笔，写成了《关于重庆组织破坏经过和狱中情形的报告》，其中最后一部分"狱中意见"，便是革命志士用鲜血和生命提出的"狱中八条"。

这些意见和建议集中起来，就是强烈要求加强党的自身建设，特别是加强领导班子建设，又特别要注意防止领导成员的腐化。川东地下党组织遭受大破坏，与那些领导干部被捕后叛变革命直接相关。严峻的斗争中，那些牺牲在胜利前夜的先烈们清醒地看到，如果领导干部经不起考验，将会带给组织极为惨重的损失。如何避免这些问题的出现，在这份"血泪嘱托"中，他们呼吁"加强党内教育和实际斗争的锻炼"，只有通过加强党的自身建设，才能够让广大党员坚持党性与气节，才能够背负起人民的希望。

1989年，重庆市委党史工作者根据老同志提供的线索，在重庆市档案馆找到了这份由罗广斌执笔的报告，并将"狱中意见"的8条内容进行了概括提炼，后被称为"狱中八条"。"狱中八条"字字都是金石之言，直到今天，依然毫不过时。中国共产党人唯有不忘初心，才能够保持革命性、先进性和纯洁性，带领中华民族走向伟大复兴。

重庆红岩革命历史博物馆

第五章　民主革命胜利的曙光

99 中国人民政治协商会议
第一届全体会议代表报到签名册

1948年，随着人民军队在各个战场上占据主动，解放战争的大局也愈加明朗。为了迎接全国胜利的到来，这一年4月30日，中共中央发表"五一宣言"，号召各民主党派、各人民团体、各社会贤达"迅速召开政治协商会议"，讨论"成立民主联合政府"。

中国共产党人的号召，得到了各民主党派、人民团体、少数民族及海外华侨的热烈响应，这些民主人士和海外人士满怀希望，克服重重困难，在中国共产党地下工作者的协助下，辗转来到解放区，为准备迎接一个新中国的诞生献策献力。

1949年1月，各民主党派领导人和著名民主人士联合发表声明，宣告"愿在中共领导下，献其绵薄，共策进行，以期中国人民民主革命之迅速成功，独立、自由、和平、幸福的新中国之早日实现"。在这样的情况下，召开新政治协商会议，共商新中国成立的大计，也就成了新中国成立之前最为重要的大事之一。

随着人民解放军渡过长江，中共中央迁到北平，1949年6月15日，在中南海勤政殿，新政协筹备会正式成立。此后，经过3个月紧张周密的筹划，中国人民政治协商会议的准备工作基本就绪。参加新政协第一届全体会议的代表名单也拟定出来。他们之中有中国共产党党员，有无党派人士，还有来自中国国民党革命委员会、中国民主同盟等各民主党派以及各地区代表、团体代表、特邀人士等，共662人。

1949年9月15日上午9时至下午4时，受到邀请的代表们陆续前来签名报到，他们有人着工装、穿军服，也有人穿长袍、穿西装，有些人说着国语，有些人讲着客家话，这些身份不同的人，聚集在一起，准备讨论有关新中国成立的大事。

这份报到签名册便是当时的原件，在印有人民政协会徽的宣纸上，留下了644名代表的亲笔签名。如今它们被整齐收录装裱了起来，成为厚厚的两册，木板制成的封面上镌刻着政协会徽和林伯渠题款。此外，照片页上还留有毛泽东、周恩来、陈云、林伯渠、李维汉、王稼祥等中国共产党领导人的签名。

作为共和国诞生前最为重要的一次会议，第一届中国人民政治协商会议标志着中国共产党领导的多党合作和政治协商制度的主要机构从此产生，也为1949年10月1日中华人民共和国的成立，做好了全面准备。历史从此揭开了新的一页。

中国人民政治协商会议第一届全体会议代表报到签名册

100 开国大典上使用的话筒

1949年10月1日,按照中国人民政治协商会议筹备会议的决议,这一天将在北京举行开国大典,正式成立中华人民共和国。

为了这一天,北京城内早就做好了全面准备,从天安门广场清扫和天安门城楼整修,到受阅部队的阅兵训练,一切都在有条不紊地进行。不过有一个问题,那就是如何将毛主席的声音,从天安门城楼上传出去,让整个广场都能听到新中国成立的声音,并让这声音通过无线电波送到全国各地。

任务交给了曾参与创建延安新华广播电台的傅英豪。

在新中国成立前夜,百废待兴,一切都得从零开始,仅有的技术装备十分简陋,怎么办?傅英豪带人赶到了原国民党华北联勤总部的电信器材仓库。好在北平和平解放时,这个仓库内的设备大多保存了下来,其中不少都是美国人援助国民党的装备器材。傅英豪在仓库内找到了一些话筒,经过测试,挑出4只,安装在了天安门城楼主席台中心。这只话筒便是其中之一。此外,技术人员还在天安门城楼的东南角和西南角安装了两组扩音器,每组都有9只喇叭,以保证形成足够强大的音量。

第五章　民主革命胜利的曙光

开国大典上使用的话筒

1949年10月1日下午3时，中央人民政府委员会秘书长林伯渠宣布典礼开始，刚刚就任中华人民共和国中央人民政府主席的毛泽东，用他那带着湖南湘潭口音的洪亮声音，向全中国、全世界庄严宣告：

"中华人民共和国中央人民政府今天成立了！"

话筒将声音通过大喇叭传播到整个广场，一时间大地欢声雷动，彩带飘扬，人们以发自内心的喜悦庆祝新中国的诞生。

这只高约1米的话筒曾经传递出的声音，不仅是"一个崭新中国的诞生"宣言，更是一个古老民族从屈辱中站立起来的信号。如今这个国家、这个民族，将在中国共产党的带领下，步履坚定地走向伟大复兴。